Thüringer Bauordnung (ThürBO)

Textausgabe für Studium und Beruf

Impressum

© GROELSV – Verlag, Hans-Much-Weg 14, 20249 Hamburg, Telefon: 040/ 32030598;
- Redaktion GROELSV

Wir sind bemüht, ein ansprechendes Produkt zu gestalten, dass vernünftigen Ansprüchen an das Preis/Leistungsverhältnis gerecht wird. Buchbewertungen, z. B. über den Distributor Amazon sind ausdrücklich erwünscht. Konstruktive Anregungen nutzen wir gerne, um künftige Auflagen zu ergänzen und anzupassen.

Die Rechte am Werk, insbesondere für die Zusammenstellung, die Cover- und weitere Gestaltung liegen beim Verlag. Trotz sorgfältigster Bearbeitung und Qualitätskontrolle können Übertragungsfehler und technische Fehler nicht letztgültig ausgeschlossen werden. Fachanwaltliche Beratung wird durch die Konsultation einer Rechtssammlung nicht ersetzt.

1

Inhaltsverzeichnis

3

Thüringer Bauordnung (ThürBO)

Vom 13. März 2014

Zum 31.03.2015 aktuellste verfügbare Fassung der Gesamtausgabe

Erster Teil

Allgemeine Bestimmungen

§ 1
Anwendungsbereich

(1) Dieses Gesetz gilt für alle baulichen Anlagen und Bauprodukte. Es gilt auch für Grundstücke sowie für andere Anlagen und Einrichtungen, an die in diesem Gesetz oder in Vorschriften aufgrund dieses Gesetzes Anforderungen gestellt werden.

(2) Dieses Gesetz gilt nicht für

1.

Anlagen des öffentlichen Verkehrs einschließlich Zubehör, Nebenanlagen und Nebenbetrieben, mit Ausnahme von Gebäuden,

2.

Anlagen, soweit sie der Bergaufsicht unterliegen, mit Ausnahme von Gebäuden an der Erdoberfläche,

3.

Leitungen, die der öffentlichen Versorgung mit Wasser, Gas, Elektrizität, Wärme, der öffentlichen Abwasserbeseitigung, dem Rundfunk, dem Fernsehen oder dem Fernmeldewesen dienen,

4.

Rohrleitungen, die dem Ferntransport von Stoffen dienen,

5.

Krane und Krananlagen,

6.

Messestände in Messe- und Ausstellungsgebäuden.

§ 2
Begriffe

(1) Bauliche Anlagen sind mit dem Erdboden verbundene, aus Bauprodukten hergestellte Anlagen. Eine Verbindung mit dem Boden besteht auch dann, wenn die Anlage durch eigene Schwere auf dem Boden ruht oder auf ortsfesten Bahnen begrenzt beweglich ist oder wenn die Anlage nach ihrem Verwendungszweck dazu bestimmt ist, überwiegend ortsfest benutzt zu werden. Bauliche Anlagen sind auch

1.

Aufschüttungen und Abgrabungen,

2.

Lagerplätze, Abstellplätze und Ausstellungsplätze,

3.

Campingplätze, Wochenendplätze, Zeltplätze, Spiel- und Sportflächen,

4.

Stellplätze für Kraftfahrzeuge,

5.

Gerüste und Hilfseinrichtungen zur statischen Sicherung von Bauzuständen,

6.

künstliche Hohlräume unter der Erdoberfläche,

7.

Freizeit- und Vergnügungsparks.

Anlagen sind bauliche Anlagen und sonstige Anlagen und Einrichtungen im Sinne des § 1 Abs. 1 Satz 2.

(2) Gebäude sind selbständig benutzbare, überdeckte bauliche Anlagen, die von Menschen betreten werden können und geeignet oder bestimmt sind, dem Schutz von Menschen, Tieren oder Sachen zu dienen.

(3) Gebäude werden in folgende Gebäudeklassen eingeteilt:

1.

Gebäudeklasse 1:

a)

freistehende Gebäude mit einer Höhe bis zu 7 m und nicht mehr als zwei Nutzungseinheiten von insgesamt nicht mehr als 400 m^2 und

b)

freistehende Gebäude, die einem land- oder forstwirtschaftlichen Betrieb oder einem Betrieb der gartenbaulichen Erzeugung im Sinne des § 35 Abs. 1 Nr. 1 und 2 des Baugesetzbuchs (BauGB) in der Fassung vom 23. September 2004 (BGBl. I S. 2414) in der jeweils geltenden Fassung in Verbindung mit § 201 BauGB dienen,

2.

Gebäudeklasse 2:

Gebäude mit einer Höhe bis zu 7 m und nicht mehr als zwei Nutzungseinheiten von insgesamt nicht mehr als 400 m^2 ,

3.

Gebäudeklasse 3:

sonstige Gebäude mit einer Höhe bis zu 7 m,

4.

Gebäudeklasse 4:

Gebäude mit einer Höhe bis zu 13 m und Nutzungseinheiten mit jeweils nicht mehr als 400 m^2 ,

5.

Gebäudeklasse 5:

sonstige Gebäude einschließlich unterirdischer Gebäude.

Höhe im Sinne des Satzes 1 ist das Maß der Fußbodenoberkante des höchstgelegenen Geschosses, in dem ein Aufenthaltsraum möglich und zulässig ist, über der Geländeoberfläche im Mittel. Die Grundflächen der Nutzungseinheiten im Sinne dieses Gesetzes sind die Brutto-Grundflächen; bei der Berechnung der Brutto-Grundflächen nach Satz 1 bleiben Flächen in Kellergeschossen außer Betracht.

(4) Sonderbauten sind Anlagen und Räume besonderer Art oder Nutzung, die einen der nachfolgenden Tatbestände erfüllen:

1.

Hochhäuser (Gebäude mit einer Höhe nach Absatz 3 Satz 2 von mehr als 22 m),

2.

bauliche Anlagen mit einer Höhe von mehr als 30 m,

3.

Gebäude mit mehr als 1 600 m^2 Grundfläche des Geschosses mit der größten Ausdehnung, ausgenommen Wohngebäude und Garagen,

4.

Verkaufsstätten, deren Verkaufsräume und Ladenstraßen eine Grundfläche von insgesamt mehr als 800 m^2 haben,

5.

9

Gebäude mit Räumen, die einer Büro- oder Verwaltungsnutzung dienen und einzeln eine Grundfläche von mehr als 400 m^2 haben,

6.

Gebäude mit Räumen, die einzeln für die Nutzung durch mehr als 100 Personen bestimmt sind,

7.

Versammlungsstätten

a)

    mit Versammlungsräumen, die insgesamt mehr als 200 Besucher fassen, wenn diese Versammlungsräume gemeinsame Rettungswege haben,

b)

    im Freien mit Szenenflächen sowie Tribünen, die keine Fliegenden Bauten sind und insgesamt mehr als 1 000 Besucher fassen, und Freisportanlagen, deren Besucherbereich jeweils mehr als 1 000 Besucher fasst,

8.

Schank- und Speisegaststätten mit mehr als 40 Gastplätzen in Gebäuden oder mehr als 1 000 Gastplätzen im Freien, Beherbergungsstätten mit mehr als zwölf Betten und Spielhallen mit mehr als 150 m^2 Grundfläche,

9.

Gebäude mit Nutzungseinheiten zum Zwecke der Pflege oder Betreuung von Personen mit Pflegebedürftigkeit oder Behinderung, deren Selbstrettungsfähigkeit eingeschränkt ist, wenn die Nutzungseinheiten

a)

    einzeln für mehr als sechs Personen oder

b)

    für Personen mit Intensivpflegebedarf bestimmt sind oder

c)

    einen gemeinsamen Rettungsweg haben und für insgesamt mehr als zwölf Personen bestimmt sind,

10.

Krankenhäuser,

11.

sonstige Einrichtungen zur Unterbringung oder Pflege von Personen sowie Wohnheime,

12.

Tageseinrichtungen für Kinder, Menschen mit Behinderung und alte Menschen, ausgenommen Tageseinrichtungen einschließlich Tagespflege für nicht mehr als zehn Kinder,

13.

Schulen, Hochschulen und ähnliche Einrichtungen,

14.

Justizvollzugsanstalten und bauliche Anlagen für den Maßregelvollzug,

15.

Camping- und Wochenendplätze,

16.

Freizeit- und Vergnügungsparks,

17.

Fliegende Bauten, soweit sie einer Ausführungsgenehmigung bedürfen,

18.

Regallager mit einer Oberkante Lagerguthöhe von mehr als 7,50 m,

19.

bauliche Anlagen, deren Nutzung durch Umgang oder Lagerung von Stoffen mit Explosions- oder erhöhter Brandgefahr verbunden ist,

20.

Anlagen und Räume, die in den Nummern 1 bis 19 nicht aufgeführt und deren Art oder Nutzung mit vergleichbaren Gefahren verbunden sind.

(5) Aufenthaltsräume sind Räume, die zum nicht nur vorübergehenden Aufenthalt von Menschen bestimmt oder geeignet sind.

(6) Oberirdische Geschosse sind Geschosse, deren Deckenoberkanten im Mittel mehr als 1,40 m über die Geländeoberfläche hinausragen; im Übrigen sind sie Kellergeschosse. Hohlräume zwischen der obersten Decke und der Bedachung, in denen Aufenthaltsräume nicht möglich sind, sind keine Geschosse.

(7) Stellplätze sind Flächen, die dem Abstellen von Kraftfahrzeugen außerhalb der öffentlichen Verkehrsflächen dienen. Garagen sind Gebäude oder Gebäudeteile zum Abstellen von Kraftfahrzeugen. Ausstellungs-, Verkaufs-, Werk- und Lagerräume für Kraftfahrzeuge sind keine Stellplätze oder Garagen.

(8) Feuerstätten sind in oder an Gebäuden ortsfest benutzte Anlagen oder Einrichtungen, die dazu bestimmt sind, durch Verbrennung Wärme zu erzeugen.

(9) Barrierefrei sind bauliche Anlagen, soweit sie für Menschen mit Behinderung in der allgemein üblichen Weise, ohne besondere Erschwernis und grundsätzlich ohne fremde Hilfe zugänglich und nutzbar sind.

(10) Bauprodukte sind

1.

Baustoffe, Bauteile und Anlagen, die hergestellt werden, um dauerhaft in bauliche Anlagen eingebaut zu werden,

2.

aus Baustoffen und Bauteilen vorgefertigte Anlagen, die hergestellt werden, um mit dem Erdboden verbunden zu werden, wie Fertighäuser, Fertiggaragen und Silos.

(11) Bauart ist das Zusammenfügen von Bauprodukten zu baulichen Anlagen oder Teilen von baulichen Anlagen.

§ 3
Allgemeine Anforderungen

(1) Anlagen sind so anzuordnen, zu errichten, zu ändern und instand zu halten, dass die öffentliche Sicherheit oder Ordnung, insbesondere Leben, Gesundheit oder die natürlichen Lebensgrundlagen, nicht gefährdet werden.

(2) Bauprodukte dürfen nur verwendet werden, wenn bei ihrer Verwendung die baulichen Anlagen bei ordnungsgemäßer Instandhaltung während einer dem Zweck entsprechenden angemessenen Zeitdauer die Anforderungen dieses Gesetzes oder aufgrund dieses Gesetzes erfüllen und gebrauchstauglich sind.

(3) Die von der obersten Bauaufsichtsbehörde durch öffentliche

Bekanntmachung als Technische Baubestimmungen eingeführten technischen Regeln sind zu beachten. Bei ihrer Bekanntmachung kann hinsichtlich ihres Inhalts auf die Fundstelle verwiesen werden. Von den Technischen Baubestimmungen kann abgewichen werden, wenn mit einer anderen Lösung in gleichem Maße die allgemeinen Anforderungen des Absatzes 1 erfüllt werden; § 17 Abs. 3 und § 21 bleiben unberührt.

(4) Für die Beseitigung von Anlagen und für die Änderung ihrer Nutzung gelten die Absätze 1 und 3 entsprechend.

(5) Bauprodukte und Bauarten, die in Vorschriften anderer Vertragsstaaten des Abkommens vom 2. Mai 1992 über den Europäischen Wirtschaftsraum genannten technischen Anforderungen entsprechen, dürfen verwendet oder angewendet werden, wenn das geforderte Schutzniveau in Bezug auf Sicherheit, Gesundheit und Gebrauchstauglichkeit gleichermaßen dauerhaft erreicht wird.

Zweiter Teil
Das Grundstück und seine Bebauung
§ 4
Bebauung der Grundstücke mit Gebäuden

(1) Gebäude dürfen nur errichtet werden, wenn das Grundstück in angemessener Breite an einer befahrbaren öffentlichen Verkehrsfläche liegt oder wenn das Grundstück eine befahrbare, öffentlich-rechtlich gesicherte Zufahrt zu einer befahrbaren öffentlichen Verkehrsfläche hat.

(2) Ein Gebäude auf mehreren Grundstücken ist nur zulässig, wenn durch Baulast gesichert ist, dass keine Verhältnisse eintreten können, die den Bestimmungen dieses Gesetzes oder den aufgrund dieses Gesetzes erlassenen Rechtsvorschriften zuwiderlaufen.

§ 5
Zugänge und Zufahrten auf den Grundstücken

(1) Von öffentlichen Verkehrsflächen ist insbesondere für die Feuerwehr ein geradliniger Zu- oder Durchgang zu rückwärtigen Gebäuden zu schaffen; zu anderen Gebäuden ist er zu schaffen, wenn der zweite Rettungsweg dieser Gebäude über Rettungsgeräte der Feuerwehr führt. Zu Gebäuden, bei denen die Oberkante der Brüstung von zum Anleitern bestimmten Fenstern oder Stellen mehr als 8 m über Gelände liegt, ist in den Fällen des Satzes 1 anstelle eines Zu- oder Durchgangs eine Zu- oder Durchfahrt zu schaffen. Ist für die Personenrettung der Einsatz von Hubrettungsfahrzeugen erforderlich, sind die dafür erforderlichen Aufstell- und Bewegungsflächen vorzusehen. Bei Gebäuden, die ganz oder mit Teilen mehr als 50 m von einer öffentlichen Verkehrsfläche entfernt sind, sind Zufahrten oder Durchfahrten nach Satz 2 zu den vor und hinter den Gebäuden gelegenen Grundstücksteilen und Bewegungsflächen herzustellen, wenn sie aus Gründen des Feuerwehreinsatzes erforderlich sind.

(2) Zu- und Durchfahrten, Aufstellflächen und Bewegungsflächen müssen für Feuerwehrfahrzeuge ausreichend befestigt und tragfähig sein; sie sind als

solche zu kennzeichnen und ständig freizuhalten; die Kennzeichnung von Zufahrten muss von der öffentlichen Verkehrsfläche aus sichtbar sein. Fahrzeuge dürfen auf den Flächen nach Satz 1 nicht abgestellt werden.

§ 6
Abstandsflächen, Abstände

(1) Vor den Außenwänden von Gebäuden sind Abstandsflächen von oberirdischen Gebäuden freizuhalten. Für bauliche Anlagen, andere Anlagen und Einrichtungen, von denen Wirkungen wie von Gebäuden ausgehen, gilt Satz 1 gegenüber Gebäuden und Nachbargrenzen sinngemäß. Eine Abstandsfläche ist nicht erforderlich

1.

vor Außenwänden, die an Grundstücksgrenzen errichtet werden, wenn nach planungsrechtlichen Vorschriften an die Grenze gebaut werden muss oder gebaut werden darf, oder

2.

soweit nach der umgebenden Bebauung im Sinne des § 34 Abs. 1 Satz 1 BauGB abweichende Gebäudeabstände zulässig sind.

(2) Abstandsflächen sowie Abstände nach § 30 Abs. 2 Nr. 1 und § 32 Abs. 2 müssen auf dem Grundstück selbst liegen. Sie dürfen auch auf öffentlichen Verkehrs-, Grün- und Wasserflächen liegen, jedoch nur bis zu deren Mitte. Abstandsflächen sowie Abstände im Sinne des Satzes 1 dürfen sich ganz oder teilweise auf andere Grundstücke erstrecken, wenn öffentlich-rechtlich gesichert ist, dass sie nicht überbaut werden; Abstandsflächen dürfen auf die auf diesen Grundstücken erforderlichen Abstandsflächen nicht angerechnet werden.

(3) Abstandsflächen dürfen sich nicht überdecken; dies gilt nicht für

1.

Außenwände, die in einem Winkel von mehr als 75 Grad zueinander stehen,

2.

Außenwände zu einem fremder Sicht entzogenen Gartenhof bei Wohngebäuden der Gebäudeklassen 1 und 2 und

3.

Gebäude und andere bauliche Anlagen, die in den Abstandsflächen zulässig sind.

(4) Die Tiefe der Abstandsfläche bemisst sich nach der Wandhöhe; sie wird

senkrecht zur Wand gemessen. Wandhöhe ist das Maß von der Geländeoberfläche bis zum Schnittpunkt der Wand mit der Dachhaut oder bis zum oberen Abschluss der Wand. Die Höhe von Dächern mit einer Neigung von weniger als 70 Grad wird zu einem Drittel der Wandhöhe hinzugerechnet. Anderenfalls wird die Höhe des Dachs voll hinzugerechnet. Die Sätze 1 bis 4 gelten für Dachaufbauten entsprechend. Das sich ergebende Maß ist „H".

(5) Die Tiefe der Abstandsflächen beträgt 0,4 H, mindestens 3 m. In Gewerbe- und Industriegebieten sowie in Sondergebieten, deren Nutzung mit einem Gewerbe- oder Industriegebiet vergleichbar ist, genügt eine Tiefe von 0,2 H, mindestens 3 m. Vor den Außenwänden von Wohngebäuden der Gebäudeklassen 1 und 2 mit nicht mehr als drei oberirdischen Geschossen genügt als Tiefe der Abstandsfläche 3 m. Werden von einer städtebaulichen Satzung oder einer Satzung nach § 88 Außenwände zugelassen oder vorgeschrieben, vor denen Abstandsflächen größerer oder geringerer Tiefe als nach den Sätzen 1 bis 3 liegen müssten, finden die Sätze 1 bis 3 keine Anwendung, es sei denn, die Satzung ordnet die Geltung dieser Regelungen an.

(6) Bei der Bemessung der Abstandsflächen bleiben außer Betracht

1.

vor die Außenwand vortretende Bauteile wie Gesimse und Dachüberstände,

2.

Vorbauten, wenn sie

a)

insgesamt nicht mehr als ein Drittel der Breite der jeweiligen Außenwand in Anspruch nehmen,

b)

nicht mehr als 1,50 m vor diese Außenwand vortreten und

c)

mindestens 2 m von der gegenüberliegenden Nachbargrenze entfernt bleiben,

3.

bei Gebäuden an der Grundstücksgrenze die Seitenwände von Vorbauten und Dachaufbauten, auch wenn sie nicht an der Grundstücksgrenze errichtet werden.

(7) Bei der Bemessung der Abstandsflächen bleiben Maßnahmen zum Zweck der Energieeinsparung und Solaranlagen an bestehenden Gebäuden unabhängig davon, ob diese den Anforderungen der Absätze 2 bis 6 entsprechen, außer Betracht, wenn sie

1.

   eine Stärke von nicht mehr als 0,25 m aufweisen und

2.

   mindestens 2,50 m von der Nachbargrenze zurückbleiben.

§ 66 Abs. 1 Satz 1 bleibt unberührt.

(8) In den Abstandsflächen eines Gebäudes sowie ohne eigene Abstandsflächen sind, auch wenn sie nicht an die Grundstücksgrenze oder an das Gebäude angebaut werden, zulässig:

1.

   Garagen und Gebäude ohne Aufenthaltsräume und Feuerstätten mit einer mittleren Wandhöhe bis zu 3 m und einer Gesamtlänge je Grundstücksgrenze bis zu 9 m; abweichend von Absatz 4 Satz 3 bleibt die Höhe von Dächern mit einer Neigung von bis zu 45 Grad unberücksichtigt,

2.

   gebäudeunabhängige Solaranlagen mit einer Höhe bis zu 3 m und einer Gesamtlänge je Grundstücksgrenze von 9 m und

3.

   Stützmauern und geschlossene Einfriedungen in Gewerbe- und Industriegebieten, außerhalb dieser Baugebiete mit einer Höhe bis zu 2 m.

Die Länge der die Abstandsflächentiefe gegenüber den Grundstücksgrenzen nicht einhaltenden Bebauung nach Satz 1 Nr. 1 und 2 darf auf einem Grundstück insgesamt 18 m nicht überschreiten.

§ 7
Teilung von Grundstücken

(1) Durch die Teilung eines Grundstücks, das bebaut oder dessen Bebauung genehmigt ist, dürfen keine Verhältnisse geschaffen werden, die diesem Gesetz oder den aufgrund dieses Gesetzes erlassenen Vorschriften widersprechen.

(2) Soll bei einer Teilung nach Absatz 1 von diesem Gesetz oder den aufgrund dieses Gesetzes erlassenen Vorschriften abgewichen werden, ist § 66 entsprechend anzuwenden.

(3) Auf Antrag eines Beteiligten hat die Bauaufsichtsbehörde ein Zeugnis

darüber auszustellen, dass die Teilung des Grundstücks den Anforderungen der Absätze 1 und 2 entspricht.

(1) Die nicht mit Gebäuden oder vergleichbaren baulichen Anlagen überbauten Flächen der bebauten Grundstücke sind

1.

wasseraufnahmefähig zu belassen oder herzustellen und

2.

zu begrünen oder zu bepflanzen,

soweit dem nicht die Erfordernisse einer anderen zulässigen Verwendung der Flächen entgegenstehen. Satz 1 findet keine Anwendung, soweit Bebauungspläne oder andere Satzungen Festsetzungen zu den nicht überbauten Flächen treffen.

(2) Bei der Errichtung von Gebäuden mit mehr als drei Wohnungen ist auf dem Baugrundstück oder in unmittelbarer Nähe auf einem anderen geeigneten Grundstück, dessen dauerhafte Nutzung für diesen Zweck öffentlich-rechtlich gesichert sein muss, ein ausreichend großer Spielplatz für Kleinkinder anzulegen. Dies gilt nicht, wenn in unmittelbarer Nähe eine Gemeinschaftsanlage oder ein sonstiger für die Kinder nutzbarer Spielplatz geschaffen wird oder vorhanden ist oder ein solcher Spielplatz wegen der Art und der Lage der Wohnungen nicht erforderlich ist. Bei bestehenden Gebäuden nach Satz 1 kann die Herstellung von Spielplätzen für Kleinkinder verlangt werden, wenn dies die Gesundheit und der Schutz der Kinder erfordern.

Dritter Teil
Bauliche Anlagen

Erster Abschnitt
Gestaltung

§ 9
Gestaltung

Bauliche Anlagen müssen nach Form, Maßstab, Verhältnis der Baumassen und Bauteile zueinander, Werkstoff und Farbe so gestaltet sein, dass sie nicht verunstaltet wirken. Bauliche Anlagen dürfen das Straßen-, Orts- und Landschaftsbild nicht verunstalten.

§ 10
Anlagen der Außenwerbung und Warenautomaten

(1) Anlagen der Außenwerbung (Werbeanlagen) sind alle ortsfesten Einrichtungen, die der Ankündigung oder Anpreisung oder als Hinweis auf Gewerbe oder Beruf dienen und vom öffentlichen Verkehrsraum aus sichtbar

sind. Hierzu zählen insbesondere Bilder, Beschriftungen, Bemalungen, Lichtwerbungen, Schaukästen sowie für Zettelanschläge und Bogenanschläge oder Lichtwerbung bestimmte Säulen, Tafeln und Flächen.

(2) Für Werbeanlagen, die bauliche Anlagen sind, gelten die in diesem Gesetz an bauliche Anlagen gestellten Anforderungen. Werbeanlagen, die keine baulichen Anlagen sind, dürfen weder bauliche Anlagen noch das Straßenbild, Ortsbild oder Landschaftsbild verunstalten oder die Sicherheit und Leichtigkeit des Verkehrs gefährden. Die störende Häufung von Werbeanlagen ist unzulässig.

(3) Außerhalb der im Zusammenhang bebauten Ortsteile sind Werbeanlagen unzulässig. Ausgenommen sind, soweit in anderen Vorschriften nichts anderes bestimmt ist,

1.

Werbeanlagen an der Stätte der Leistung,

2.

Schilder, die Inhaber und Art gewerblicher Betriebe kennzeichnen (Hinweisschilder), wenn sie vor Ortsdurchfahrten auf einer Tafel zusammengefasst sind,

3.

einzelne Hinweiszeichen an Verkehrsstraßen und Wegabzweigungen, die im Interesse des Verkehrs auf außerhalb der Ortsdurchfahrten liegende Betriebe oder versteckt liegende Stätten aufmerksam machen,

4.

Werbeanlagen an und auf Flugplätzen, Sportanlagen und Versammlungsstätten, soweit sie nicht in die freie Landschaft wirken,

5.

Werbeanlagen auf Ausstellungs- und Messegeländen.

(4) In Kleinsiedlungsgebieten, Dorfgebieten, reinen Wohngebieten und allgemeinen Wohngebieten sind Werbeanlagen nur zulässig an der Stätte der Leistung sowie Anlagen für amtliche Mitteilungen und zur Unterrichtung der Bevölkerung über kirchliche, kulturelle, politische, sportliche und ähnliche Veranstaltungen; die jeweils freie Fläche dieser Anlagen darf auch für andere Werbung verwendet werden. In reinen Wohngebieten darf an der Stätte der Leistung nur mit Hinweisschildern geworben werden. An Haltestellen des öffentlichen Personennahverkehrs können auch andere Werbeanlagen als nach den Sätzen 1 und 2 zugelassen werden, soweit diese die Eigenart des Gebiets und das Orts- und Landschaftsbild nicht beeinträchtigen.

(5) Die Absätze 1 bis 3 gelten für Warenautomaten entsprechend.

(6) Die Bestimmungen dieses Gesetzes sind nicht anzuwenden auf

1.

    Anschläge und Lichtwerbung an dafür genehmigten Säulen, Tafeln und Flächen,

2.

    Werbemittel an Zeitungsverkaufsstellen und Zeitschriftenverkaufsstellen,

3.

    Auslagen und Dekorationen in Fenstern und Schaukästen,

4.

    Wahlwerbung für die Dauer eines Wahlkampfs.

Zweiter Abschnitt
Allgemeine Anforderungen an die Bauausführung

§ 11
Baustelle

(1) Baustellen sind so einzurichten, dass bauliche Anlagen ordnungsgemäß errichtet, geändert oder abgebrochen werden können und Gefahren oder vermeidbare Belästigungen nicht entstehen.

(2) Bei Bauarbeiten, durch die unbeteiligte Personen gefährdet werden können, ist die Gefahrenzone abzugrenzen oder durch Warnzeichen zu kennzeichnen. Soweit erforderlich, sind Baustellen mit einem Bauzaun abzugrenzen, mit Schutzvorrichtungen gegen herabfallende Gegenstände zu versehen und zu beleuchten.

(3) Bei der Ausführung nicht verfahrensfreier Bauvorhaben hat der Bauherr an der Baustelle ein Schild, das die Bezeichnung des Bauvorhabens und die Namen und Anschriften des Entwurfsverfassers, des Bauleiters und der Unternehmer für den Rohbau enthalten muss, dauerhaft und von der öffentlichen Verkehrsfläche aus sichtbar anzubringen.

(4) Bäume, Hecken und sonstige Bepflanzungen, die aufgrund anderer Rechtsvorschriften zu erhalten sind oder deren Erhaltung in der Baugenehmigung zur Auflage gemacht wird, müssen während der Bauausführung geschützt werden.

§ 12
Standsicherheit

(1) Jede bauliche Anlage muss im Ganzen und in ihren einzelnen Teilen für sich allein standsicher sein. Die Standsicherheit anderer baulicher Anlagen und die

Tragfähigkeit des Baugrunds der Nachbargrundstücke dürfen nicht gefährdet werden.

(2) Die Verwendung gemeinsamer Bauteile für mehrere bauliche Anlagen ist zulässig, wenn öffentlich-rechtlich gesichert ist, dass die gemeinsamen Bauteile bei der Beseitigung einer baulichen Anlage bestehen bleiben können.

§ 13
Schutz gegen schädliche Einflüsse

(1) Bauliche Anlagen müssen so angeordnet, beschaffen und gebrauchstauglich sein, dass durch Wasser, Feuchtigkeit, pflanzliche und tierische Schädlinge sowie andere chemische, physikalische oder biologische Einflüsse Gefahren oder unzumutbare Belästigungen nicht entstehen. Baugrundstücke müssen für bauliche Anlagen entsprechend geeignet sein.

(2) Werden in Gebäuden Bauteile aus Holz oder anderen organischen Stoffen vom Hausbock, vom echten Hausschwamm oder von Termiten befallen, so haben die für den ordnungsgemäßen Zustand des Gebäudes verantwortlichen Personen der unteren Bauaufsichtsbehörde unverzüglich Anzeige zu erstatten.

§ 14
Brandschutz

Bauliche Anlagen sind so anzuordnen, zu errichten, zu ändern und instand zu halten, dass der Entstehung eines Brandes und der Ausbreitung von Feuer und Rauch (Brandausbreitung) vorgebeugt wird und bei einem Brand die Rettung von Menschen und Tieren sowie wirksame Löscharbeiten möglich sind.

§ 15
Wärme-, Schall- und Erschütterungsschutz

(1) Gebäude müssen einen ihrer Nutzung und den klimatischen Verhältnissen entsprechenden Wärmeschutz haben.

(2) Gebäude müssen einen ihrer Nutzung entsprechenden Schallschutz haben. Geräusche, die von ortsfesten Einrichtungen in baulichen Anlagen oder auf Baugrundstücken ausgehen, sind so zu dämmen, dass Gefahren oder unzumutbare Belästigungen nicht entstehen.

(3) Erschütterungen oder Schwingungen, die von ortsfesten Einrichtungen in baulichen Anlagen oder auf Baugrundstücken ausgehen, sind so zu dämmen, dass Gefahren oder unzumutbare Belästigungen nicht entstehen.

§ 16
Verkehrssicherheit

(1) Bauliche Anlagen und die dem Verkehr dienenden nicht überbauten Flächen von bebauten Grundstücken müssen verkehrssicher sein.

(2) Die Sicherheit und Leichtigkeit des öffentlichen Verkehrs darf durch bauliche Anlagen oder deren Nutzung nicht gefährdet werden.

Dritter Abschnitt
Bauprodukte und Bauarten

§ 17
Bauprodukte

(1) [1] Bauprodukte dürfen für die Errichtung, Änderung und Instandhaltung baulicher Anlagen nur verwendet werden, wenn sie für den Verwendungszweck

1.

  von den nach Absatz 2 bekannt gemachten technischen Regeln nicht oder nicht wesentlich abweichen (geregelte Bauprodukte) oder nach Absatz 3 zulässig sind und aufgrund des Übereinstimmungsnachweises nach § 22 das Übereinstimmungszeichen (Ü-Zeichen) tragen oder

2.

  nach den Vorschriften

  a)

    der Verordnung (EU) Nr. 305/2011 des Europäischen Parlaments und des Rates vom 9. März 2011 zur Festlegung harmonisierter Bedingungen für die Vermarktung von Bauprodukten und zur Aufhebung der Richtlinie 89/106/EWG des Rates (ABl. L 88 vom 4. April 2011, S. 5),

  b)

    anderer unmittelbar geltender Vorschriften der Europäischen Union oder

  c)

    zur Umsetzung von Richtlinien der Europäischen Union, soweit diese die Grundanforderungen an Bauwerke nach Anhang I der Verordnung (EU) Nr. 305/2011 berücksichtigen,

in den Verkehr gebracht und gehandelt werden dürfen, insbesondere die CE-Kennzeichnung (Artikel 8 und 9 der Verordnung (EU) Nr. 305/2011 tragen und dieses Zeichen die nach Absatz 7 Nr. 1 festgelegten Leistungsstufen oder -klassen ausweist oder die Leistung des Bauprodukts angibt.

Sonstige Bauprodukte, die von allgemein anerkannten Regeln der Technik nicht abweichen, dürfen auch verwendet werden, wenn diese Regeln nicht in der Bauregelliste A bekannt gemacht sind. Sonstige Bauprodukte, die von allgemein anerkannten Regeln der Technik abweichen, bedürfen keines Nachweises ihrer Verwendbarkeit nach Absatz 3.

(2) Das Deutsche Institut für Bautechnik macht im Einvernehmen mit der obersten Bauaufsichtsbehörde für Bauprodukte, für die nicht nur die

Bestimmungen des Absatzes 1 Satz 1 Nr. 2 maßgebend sind, in der Bauregelliste A die technischen Regeln bekannt, die zur Erfüllung der in diesem Gesetz und in Vorschriften aufgrund dieses Gesetzes an bauliche Anlagen gestellten Anforderungen erforderlich sind. Diese technischen Regeln gelten als Technische Baubestimmungen im Sinne des § 3 Abs. 3 Satz 1.

(3) Bauprodukte, für die technische Regeln in der Bauregelliste A nach Absatz 2 bekannt gemacht worden sind und die von diesen wesentlich abweichen oder für die es Technische Baubestimmungen oder allgemein anerkannte Regeln der Technik nicht gibt (nicht geregelte Bauprodukte), müssen

1.

eine allgemeine bauaufsichtliche Zulassung (§ 18),

2.

ein allgemeines bauaufsichtliches Prüfzeugnis (§ 19) oder

3.

eine Zustimmung im Einzelfall (§ 20)

haben. Ausgenommen sind Bauprodukte, die für die Erfüllung der Anforderungen dieses Gesetzes oder aufgrund dieses Gesetzes nur eine untergeordnete Bedeutung haben und die das Deutsche Institut für Bautechnik im Einvernehmen mit der obersten Bauaufsichtsbehörde in einer Liste C öffentlich bekannt gemacht hat.

(4) Die oberste Bauaufsichtsbehörde kann durch Rechtsverordnung vorschreiben, dass für bestimmte Bauprodukte, auch soweit sie Anforderungen nach anderen Rechtsvorschriften unterliegen, hinsichtlich dieser Anforderungen bestimmte Nachweise der Verwendbarkeit und bestimmte Übereinstimmungsnachweise nach Maßgabe der §§ 17 bis 20 und der §§ 22 bis 25 zu führen sind, wenn die anderen Rechtsvorschriften diese Nachweise verlangen oder zulassen.

(5) Bei Bauprodukten nach Absatz 1 Satz 1 Nr. 1, deren Herstellung in außergewöhnlichem Maße von der Sachkunde und Erfahrung der damit betrauten Personen oder von einer Ausstattung mit besonderen Vorrichtungen abhängt, kann in der allgemeinen bauaufsichtlichen Zulassung, in der Zustimmung im Einzelfall oder durch Rechtsverordnung der obersten Bauaufsichtsbehörde vorgeschrieben werden, dass der Hersteller über solche Fachkräfte und Vorrichtungen verfügt und den Nachweis hierüber gegenüber einer Prüfstelle nach § 25 Satz 1 Nr. 6 zu erbringen hat. In der Rechtsverordnung können Mindestanforderungen an die Ausbildung, die durch Prüfung nachzuweisende Befähigung und die Ausbildungsstätten einschließlich der Anerkennungsvoraussetzungen gestellt werden.

(6) Für Bauprodukte, die wegen ihrer besonderen Eigenschaften oder ihres besonderen Verwendungszwecks einer außergewöhnlichen Sorgfalt bei Einbau,

Transport, Instandhaltung oder Reinigung bedürfen, kann in der allgemeinen bauaufsichtlichen Zulassung, in der Zustimmung im Einzelfall oder durch Rechtsverordnung der obersten Bauaufsichtsbehörde die Überwachung dieser Tätigkeiten durch eine Überwachungsstelle nach § 25 Satz 1 Nr. 5 vorgeschrieben werden.

(7) [1] Das Deutsche Institut für Bautechnik kann im Einvernehmen mit der obersten Bauaufsichtsbehörde in der Bauregelliste B

1.

    festlegen, welche Leistungsstufen oder -klassen nach Artikel 27 der Verordnung (EU) Nr. 305/2011 oder nach Vorschriften zur Umsetzung der Richtlinien der Europäischen Union Bauprodukte nach Absatz 1 Satz 1 Nr. 2 erfüllen müssen, und

2.

    bekannt machen, inwieweit Vorschriften zur Umsetzung von Richtlinien der Europäischen Union die Grundanforderungen an Bauwerke nach Anhang I der Verordnung (EU) Nr. 305/2011 nicht berücksichtigen.

⊟ **Fußnoten**

[1])

    Absatz 1 in Kraft mit Wirkung vom 1. Juli 2013

[1])

    Absatz 7 in Kraft mit Wirkung vom 1. Juli 2013

§ 18
Allgemeine bauaufsichtliche Zulassung

(1) Das Deutsche Institut für Bautechnik erteilt auf Antrag eine allgemeine bauaufsichtliche Zulassung für nicht geregelte Bauprodukte, wenn deren Verwendbarkeit im Sinne des § 3 Abs. 2 nachgewiesen ist.

(2) Die zur Begründung des Antrags erforderlichen Unterlagen sind beizufügen. Soweit erforderlich, sind Probestücke vom Antragsteller zur Verfügung zu stellen oder durch Sachverständige, die das Deutsche Institut für Bautechnik bestimmen kann, zu entnehmen oder Probeausführungen unter Aufsicht der Sachverständigen herzustellen. § 68 Abs. 2 Satz 2 und 3 gilt entsprechend.

(3) Das Deutsche Institut für Bautechnik kann für die Durchführung der Prüfung die sachverständige Stelle und für Probeausführungen die Ausführungsstelle und Ausführungszeit vorschreiben.

(4) Die allgemeine bauaufsichtliche Zulassung wird widerruflich und für eine bestimmte Frist erteilt, die in der Regel fünf Jahre beträgt. Die Zulassung kann mit Nebenbestimmungen erteilt werden. Sie kann auf schriftlichen Antrag in

der Regel um fünf Jahre verlängert werden; § 72 Abs. 2 Satz 2 gilt entsprechend.

(5) Die allgemeine bauaufsichtliche Zulassung wird unbeschadet der Rechte Dritter erteilt.

(6) Das Deutsche Institut für Bautechnik macht die von ihm erteilten allgemeinen bauaufsichtlichen Zulassungen nach Gegenstand und wesentlichem Inhalt öffentlich bekannt.

(7) Allgemeine bauaufsichtliche Zulassungen nach dem Recht anderer Länder gelten auch in Thüringen.

§ 19
Allgemeines bauaufsichtliches Prüfzeugnis

(1) Bauprodukte,

1.

   deren Verwendung nicht der Erfüllung erheblicher Anforderungen an die Sicherheit baulicher Anlagen dient, oder

2.

   die nach allgemein anerkannten Prüfverfahren beurteilt werden,

bedürfen anstelle einer allgemeinen bauaufsichtlichen Zulassung nur eines allgemeinen bauaufsichtlichen Prüfzeugnisses. Das Deutsche Institut für Bautechnik macht dies mit der Angabe der maßgebenden technischen Regeln und, soweit es keine allgemein anerkannten Regeln der Technik gibt, mit der Bezeichnung der Bauprodukte im Einvernehmen mit der obersten Bauaufsichtsbehörde in der Bauregelliste A bekannt.

(2) Ein allgemeines bauaufsichtliches Prüfzeugnis wird von einer Prüfstelle nach § 25 Satz 1 Nr. 1 für nicht geregelte Bauprodukte nach Absatz 1 erteilt, wenn deren Verwendbarkeit im Sinne des § 3 Abs. 2 nachgewiesen ist. § 18 Abs. 2 bis 7 gilt entsprechend. Die Anerkennungsbehörde für Stellen nach § 25 Satz 1 Nr. 1, § 87 Abs. 4 Satz 1 Nr. 2 kann allgemeine bauaufsichtliche Prüfzeugnisse zurücknehmen oder widerrufen; die §§ 48 und 49 des Thüringer Verwaltungsverfahrensgesetzes (ThürVwVfG) finden Anwendung.

§ 20
Nachweis der Verwendbarkeit von Bauprodukten im
Einzelfall

Mit Zustimmung der obersten Bauaufsichtsbehörde dürfen im Einzelfall

1.

   Bauprodukte, die nach Vorschriften zur Umsetzung von Richtlinien der Europäischen Union in Verkehr gebracht und gehandelt werden dürfen, hinsichtlich der nicht berücksichtigten Grundanforderungen an Bauwerke im Sinne des § 17 Abs. 7 Nr. 2[*)] ,

2.

Bauprodukte, die auf der Grundlage von unmittelbar geltendem Recht der Europäischen Union in Verkehr gebracht und gehandelt werden dürfen, hinsichtlich der nicht berücksichtigten Grundanforderungen an Bauwerke im Sinne des § 17 Abs. 7 Nr. 2, und

3.

nicht geregelte Bauprodukte

verwendet werden, wenn ihre Verwendbarkeit im Sinne des § 3 Abs. 2 nachgewiesen ist. Wenn Gefahren im Sinne des § 3 Abs. 1 nicht zu erwarten sind, kann die oberste Bauaufsichtsbehörde im Einzelfall erklären, dass ihre Zustimmung nicht erforderlich ist.

⊟ **Fußnoten**

[*)]

Nr. 1 tritt gemäß § 93 Nr. 1 schon am 1. Juli 2013 in Kraft.

§ 21
Bauarten

(1) Bauarten, die von Technischen Baubestimmungen wesentlich abweichen oder für die es allgemein anerkannte Regeln der Technik nicht gibt (nicht geregelte Bauarten), dürfen bei der Errichtung, Änderung und Instandhaltung baulicher Anlagen nur angewendet werden, wenn für sie

1.

eine allgemeine bauaufsichtliche Zulassung (§ 18) oder

2.

eine Zustimmung im Einzelfall (§ 20)

erteilt worden ist. Anstelle einer allgemeinen bauaufsichtlichen Zulassung genügt ein allgemeines bauaufsichtliches Prüfzeugnis, wenn die Bauart nicht der Erfüllung erheblicher Anforderungen an die Sicherheit baulicher Anlagen dient und nach allgemein anerkannten Prüfverfahren beurteilt wird. Das Deutsche Institut für Bautechnik macht diese Bauarten mit der Angabe der maßgebenden technischen Regeln und, soweit es keine allgemein anerkannten Regeln der Technik gibt, mit der Bezeichnung der Bauarten im Einvernehmen mit der obersten Bauaufsichtsbehörde in der Bauregelliste A bekannt. § 17 Abs. 5 und 6 sowie die §§ 18, 19 Abs. 2 und § 20 gelten entsprechend. Wenn Gefahren im Sinne des § 3 Abs. 1 nicht zu erwarten sind, kann die oberste Bauaufsichtsbehörde im Einzelfall oder für genau begrenzte Fälle allgemein festlegen, dass eine allgemeine bauaufsichtliche Zulassung, ein allgemeines bauaufsichtliches Prüfzeugnis oder eine Zustimmung im Einzelfall nicht erforderlich ist.

(2) Die oberste Bauaufsichtsbehörde kann durch Rechtsverordnung vorschreiben, dass für bestimmte Bauarten, auch soweit sie Anforderungen nach anderen Rechtsvorschriften unterliegen, Absatz 1 ganz oder teilweise anwendbar ist, wenn die anderen Rechtsvorschriften dies verlangen oder zulassen.

§ 22
Übereinstimmungsnachweis

(1) Bauprodukte bedürfen einer Bestätigung ihrer Übereinstimmung mit den technischen Regeln nach § 17 Abs. 2, den allgemeinen bauaufsichtlichen Zulassungen, den allgemeinen bauaufsichtlichen Prüfzeugnissen oder den Zustimmungen im Einzelfall; als Übereinstimmung gilt auch eine Abweichung, die nicht wesentlich ist.

(2) Die Bestätigung der Übereinstimmung erfolgt durch

1.

Übereinstimmungserklärung des Herstellers (§ 23) oder

2.

Übereinstimmungszertifikat (§ 24).

Die Bestätigung durch Übereinstimmungszertifikat kann in der allgemeinen bauaufsichtlichen Zulassung, in der Zustimmung im Einzelfall oder in der Bauregelliste A vorgeschrieben werden, wenn dies zum Nachweis einer ordnungsgemäßen Herstellung erforderlich ist. Bauprodukte, die nicht in Serie hergestellt werden, bedürfen nur der Übereinstimmungserklärung des Herstellers nach § 23 Abs. 1, sofern nichts anderes bestimmt ist. Die oberste Bauaufsichtsbehörde kann im Einzelfall die Verwendung von Bauprodukten ohne das erforderliche Übereinstimmungszertifikat gestatten, wenn nachgewiesen ist, dass diese Bauprodukte den technischen Regeln, Zulassungen, Prüfzeugnissen oder Zustimmungen nach Absatz 1 entsprechen.

(3) Für Bauarten gelten die Absätze 1 und 2 entsprechend.

(4) Die Übereinstimmungserklärung und die Erklärung, dass ein Übereinstimmungszertifikat erteilt ist, hat der Hersteller durch Kennzeichnung der Bauprodukte mit dem Übereinstimmungszeichen (Ü-Zeichen) unter Hinweis auf den Verwendungszweck abzugeben.

(5) Das Ü-Zeichen ist auf dem Bauprodukt, auf einem Beipackzettel oder auf seiner Verpackung oder, wenn dies Schwierigkeiten bereitet, auf dem Lieferschein oder auf einer Anlage zum Lieferschein anzubringen.

(6) Ü-Zeichen aus anderen Ländern und aus anderen Staaten gelten auch in Thüringen.

§ 23
Übereinstimmungserklärung des Herstellers

(1) Der Hersteller darf eine Übereinstimmungserklärung nur abgeben, wenn er durch werkseigene Produktionskontrolle sichergestellt hat, dass das von ihm hergestellte Bauprodukt den maßgebenden technischen Regeln, der allgemeinen bauaufsichtlichen Zulassung, dem allgemeinen bauaufsichtlichen Prüfzeugnis oder der Zustimmung im Einzelfall entspricht.

(2) In den technischen Regeln nach § 17 Abs. 2, in der Bauregelliste A, in den allgemeinen bauaufsichtlichen Zulassungen, in den allgemeinen bauaufsichtlichen Prüfzeugnissen oder in den Zustimmungen im Einzelfall kann eine Prüfung der Bauprodukte durch eine Prüfstelle nach § 25 Satz 1 Nr. 2 vor Abgabe der Übereinstimmungserklärung nach Absatz 1 vorgeschrieben werden, wenn dies zur Sicherung einer ordnungsgemäßen Herstellung erforderlich ist. In diesen Fällen hat die Prüfstelle das Bauprodukt daraufhin zu überprüfen, ob es den maßgebenden technischen Regeln, der allgemeinen bauaufsichtlichen Zulassung, dem allgemeinen bauaufsichtlichen Prüfzeugnis oder der Zustimmung im Einzelfall entspricht.

§ 24
Übereinstimmungszertifikat

(1) Ein Übereinstimmungszertifikat ist auf schriftlichen Antrag von einer Zertifizierungsstelle nach § 25 Satz 1 Nr. 3 zu erteilen, wenn das Bauprodukt

1.

den maßgebenden technischen Regeln, der allgemeinen bauaufsichtlichen Zulassung, dem allgemeinen bauaufsichtlichen Prüfzeugnis oder der Zustimmung im Einzelfall entspricht und

2.

einer werkseigenen Produktionskontrolle sowie einer Fremdüberwachung nach Maßgabe des Absatzes 2 unterliegt.

(2) Die Fremdüberwachung ist von Überwachungsstellen nach § 25 Satz 1 Nr. 4 durchzuführen. Die Überwachungsstellen haben regelmäßig zu überprüfen, ob das Bauprodukt den maßgebenden technischen Regeln, der allgemeinen bauaufsichtlichen Zulassung, dem allgemeinen bauaufsichtlichen Prüfzeugnis oder der Zustimmung im Einzelfall entspricht.

§ 25[1]
Prüf-, Zertifizierungs- und Überwachungsstellen

Die oberste Bauaufsichtsbehörde kann eine natürliche oder juristische Person als

1.

Prüfstelle für die Erteilung allgemeiner bauaufsichtlicher Prüfzeugnisse (§

19 Abs. 2),

2.

Prüfstelle für die Überprüfung von Bauprodukten vor Bestätigung der Übereinstimmung (§ 23 Abs. 2),

3.

Zertifizierungsstelle (§ 24 Abs. 1),

4.

Überwachungsstelle für die Fremdüberwachung (§ 24 Abs. 2),

5.

Überwachungsstelle für die Überwachung nach § 17 Abs. 6 oder

6.

Prüfstelle für die Überprüfung nach § 17 Abs. 5

anerkennen, wenn sie oder die bei ihr Beschäftigten nach ihrer Ausbildung, Fachkenntnis, persönlichen Zuverlässigkeit, ihrer Unparteilichkeit und ihren Leistungen die Gewähr dafür bieten, dass diese Aufgaben den öffentlich-rechtlichen Vorschriften entsprechend wahrgenommen werden, und wenn sie über die erforderlichen Vorrichtungen verfügen. Satz 1 ist entsprechend auf Behörden anzuwenden, wenn sie ausreichend mit geeigneten Fachkräften besetzt und mit den erforderlichen Vorrichtungen ausgestattet sind. Die Anerkennung von Prüf-, Zertifizierungs- und Überwachungsstellen anderer Länder gilt auch in Thüringen.

⊟ **Fußnoten**
*)

Satz 2 und 3 treten gemäß § 93 Nr. 1 schon am 1. Juli 2013 in Kraft.

Vierter Abschnitt
Brandverhalten von Baustoffen und Bauteilen; Wände, Decken, Dächer
§ 26
Allgemeine Anforderungen an das Brandverhalten von Baustoffen und Bauteilen

(1) Baustoffe werden nach den Anforderungen an ihr Brandverhalten unterschieden in

1.

nichtbrennbare,

2.

schwer entflammbare oder

3.

normal entflammbare.

Baustoffe, die nicht mindestens normal entflammbar sind (leicht entflammbare Baustoffe), dürfen nicht verwendet werden; dies gilt nicht, wenn sie in Verbindung mit anderen Baustoffen nicht leicht entflammbar sind.

(2) Bauteile werden nach den Anforderungen an ihre Feuerwiderstandsfähigkeit unterschieden in

1.

feuerbeständige,

2.

hochfeuerhemmende oder

3.

feuerhemmende;

die Feuerwiderstandsfähigkeit bezieht sich bei tragenden und aussteifenden Bauteilen auf deren Standsicherheit im Brandfall, bei raumabschließenden Bauteilen auf deren Widerstand gegen die Brandausbreitung. Bauteile werden zusätzlich nach dem Brandverhalten ihrer Baustoffe unterschieden in

1.

Bauteile aus nichtbrennbaren Baustoffen,

2.

Bauteile, deren tragende und aussteifende Teile aus nichtbrennbaren Baustoffen bestehen und die bei raumabschließenden Bauteilen zusätzlich eine in Bauteilebene durchgehende Schicht aus nichtbrennbaren Baustoffen haben,

3.

Bauteile, deren tragende und aussteifende Teile aus brennbaren Baustoffen bestehen und die allseitig eine brandschutztechnisch wirksame Bekleidung aus nichtbrennbaren Baustoffen (Brandschutzbekleidung) und Dämmstoffe aus nichtbrennbaren Baustoffen haben und

4.

Bauteile aus brennbaren Baustoffen.

Soweit in diesem Gesetz oder aufgrund dieses Gesetzes nichts anderes bestimmt ist, müssen

1.

Bauteile, die feuerbeständig sein müssen, mindestens den Anforderungen des Satzes 2 Nr. 2 und

2.

Bauteile, die hochfeuerhemmend sein müssen, mindestens den Anforderungen des Satzes 2 Nr. 3

entsprechen.

§ 27
Tragende Wände, Stützen

(1) Tragende und aussteifende Wände und Stützen müssen im Brandfall ausreichend lang standsicher sein. Sie müssen in Gebäuden

1.

der Gebäudeklasse 5 feuerbeständig,

2.

der Gebäudeklasse 4 hochfeuerhemmend und

3.

der Gebäudeklassen 2 und 3 feuerhemmend

sein. Satz 2 gilt

1.

für Geschosse im Dachraum nur, wenn darüber noch Aufenthaltsräume möglich sind; § 29 Abs. 4 bleibt unberührt,

2.

nicht für Balkone, ausgenommen offene Gänge, die als notwendige Flure dienen.

(2) Im Kellergeschoss müssen tragende und aussteifende Wände und Stützen in Gebäuden

1.

der Gebäudeklassen 3 bis 5 feuerbeständig und

2.

der Gebäudeklassen 1 und 2 feuerhemmend

sein.

§ 28
Außenwände

(1) Außenwände und Außenwandteile wie Brüstungen und Schürzen sind so auszubilden, dass eine Brandausbreitung auf und in diesen Bauteilen ausreichend lang begrenzt ist.

(2) Nichttragende Außenwände und nichttragende Teile tragender Außenwände müssen aus nichtbrennbaren Baustoffen bestehen; sie sind aus brennbaren Baustoffen zulässig, wenn sie als raumabschließende Bauteile feuerhemmend sind. Satz 1 gilt nicht für

1.

Türen und Fenster,

2.

Fugendichtungen und

3.

brennbare Dämmstoffe in nichtbrennbaren geschlossenen Profilen der Außenwandkonstruktionen.

(3) Oberflächen von Außenwänden sowie Außenwandbekleidungen müssen einschließlich der Dämmstoffe und Unterkonstruktionen schwer entflammbar sein; Unterkonstruktionen aus normal entflammbaren Baustoffen sind zulässig, wenn die Anforderungen nach Absatz 1 erfüllt sind. Balkonbekleidungen, die über die erforderliche Umwehrungshöhe hinaus hochgeführt werden, müssen schwer entflammbar sein. Baustoffe, die schwer entflammbar sein müssen, in Bauteilen nach Satz 1 Halbsatz 1 und Satz 2 dürfen nicht brennend abfallen oder abtropfen.

(4) Bei Außenwandkonstruktionen mit geschossübergreifenden Hohl- oder Lufträumen wie hinterlüfteten Außenwandbekleidungen sind gegen die Brandausbreitung besondere Vorkehrungen zu treffen. Satz 1 gilt für Doppelfassaden entsprechend.

(5) Die Absätze 2, 3 und 4 Satz 1 gelten nicht für Gebäude der Gebäudeklassen 1 bis 3; Absatz 4 Satz 2 gilt nicht für Gebäude der

Gebäudeklassen 1 und 2.

§ 29
Trennwände

(1) Trennwände nach Absatz 2 müssen als raumabschließende Bauteile von Räumen oder Nutzungseinheiten innerhalb von Geschossen ausreichend lang widerstandsfähig gegen die Brandausbreitung sein.

(2) Trennwände sind erforderlich

1.

   zwischen Nutzungseinheiten sowie zwischen Nutzungseinheiten und anders genutzten Räumen, ausgenommen notwendigen Fluren,

2.

   zum Abschluss von Räumen mit Explosions- oder erhöhter Brandgefahr sowie

3.

   zwischen Aufenthaltsräumen und anders genutzten Räumen im Kellergeschoss.

(3) Trennwände nach Absatz 2 Nr. 1 und 3 müssen die Feuerwiderstandsfähigkeit der tragenden und aussteifenden Bauteile des Geschosses haben, jedoch mindestens feuerhemmend sein. Trennwände nach Absatz 2 Nr. 2 müssen feuerbeständig sein.

(4) Trennwände nach Absatz 2 sind bis zur Rohdecke, im Dachraum bis unter die Dachhaut zu führen; werden in Dachräumen Trennwände nur bis zur Rohdecke geführt, ist diese Decke als raumabschließendes Bauteil einschließlich der sie tragenden und aussteifenden Bauteile feuerhemmend herzustellen.

(5) Öffnungen in Trennwänden nach Absatz 2 sind nur zulässig, wenn sie auf die für die Nutzung erforderliche Zahl und Größe beschränkt sind; sie müssen feuerhemmende, dicht- und selbstschließende Abschlüsse haben.

(6) Die Absätze 1 bis 5 gelten nicht für Wohngebäude der Gebäudeklassen 1 und 2.

§ 30
Brandwände

(1) Brandwände müssen als raumabschließende Bauteile zum Abschluss von Gebäuden (Gebäudeabschlusswand) oder zur Unterteilung von Gebäuden in Brandabschnitte (innere Brandwand) ausreichend lang die Brandausbreitung auf andere Gebäude oder Brandabschnitte verhindern.

(2) Brandwände sind erforderlich

1.

als Gebäudeabschlusswand, ausgenommen von Gebäuden ohne Aufenthaltsräume und ohne Feuerstätten mit nicht mehr als 50 m³ Brutto-Rauminhalt, wenn diese Abschlusswände an oder mit einem Abstand von weniger als 2,50 m gegenüber der Grundstücksgrenze errichtet werden, es sei denn, dass ein Abstand von mindestens 5 m zu bestehenden oder nach den baurechtlichen Vorschriften zulässigen künftigen Gebäuden gesichert ist,

2.

als innere Brandwand zur Unterteilung ausgedehnter Gebäude in Abständen von nicht mehr als 40 m,

3.

als innere Brandwand zur Unterteilung landwirtschaftlich genutzter Gebäude in Brandabschnitte von nicht mehr als 10.000 m³ Brutto-Rauminhalt und

4.

als Gebäudeabschlusswand zwischen Wohngebäuden und angebauten landwirtschaftlich genutzten Gebäuden sowie als innere Brandwand zwischen dem Wohnteil und dem landwirtschaftlich genutzten Teil eines Gebäudes.

(3) Brandwände müssen auch unter zusätzlicher mechanischer Beanspruchung feuerbeständig sein und aus nichtbrennbaren Baustoffen bestehen. Anstelle von Brandwänden sind in den Fällen des Absatzes 2 Nr. 1 bis 3

1.

für Gebäude der Gebäudeklasse 4 Wände, die auch unter zusätzlicher mechanischer Beanspruchung hochfeuerhemmend sind,

2.

für Gebäude der Gebäudeklassen 1 bis 3 hochfeuerhemmende Wände,

3.

für Gebäude der Gebäudeklassen 1 bis 3 Gebäudeabschlusswände, die jeweils von innen nach außen die Feuerwiderstandsfähigkeit der tragenden und aussteifenden Teile des Gebäudes, mindestens jedoch feuerhemmende Bauteile, und von außen nach innen die Feuerwiderstandsfähigkeit feuerbeständiger Bauteile haben, zulässig. In den Fällen des Absatzes 2 Nr. 4 sind anstelle von Brandwänden feuerbeständige Wände zulässig, wenn der Brutto-Rauminhalt des landwirtschaftlich genutzten Gebäudes oder Gebäudeteils nicht größer als 2.000 m^3 ist.

(4) Brandwände müssen bis zur Bedachung durchgehen und in allen Geschossen übereinander angeordnet sein. Abweichend davon dürfen anstelle innerer Brandwände Wände geschossweise versetzt angeordnet werden, wenn

1.

    die Wände im Übrigen Absatz 3 Satz 1 entsprechen,

2.

    die Decken, soweit sie in Verbindung mit diesen Wänden stehen, feuerbeständig sind, aus nichtbrennbaren Baustoffen bestehen und keine Öffnungen haben,

3.

    die Bauteile, die diese Wände und Decken unterstützen, feuerbeständig sind und aus nichtbrennbaren Baustoffen bestehen,

4.

    die Außenwände in der Breite des Versatzes in dem Geschoss oberhalb oder unterhalb des Versatzes feuerbeständig sind und

5.

    Öffnungen in den Außenwänden im Bereich des Versatzes so angeordnet oder andere Vorkehrungen so getroffen sind, dass eine Brandausbreitung in andere Brandabschnitte nicht zu befürchten ist.

(5) Brandwände sind 0,30 m über die Bedachung zu führen oder in Höhe der Dachhaut mit einer beiderseits 0,50 m auskragenden feuerbeständigen Platte aus nichtbrennbaren Baustoffen abzuschließen; darüber dürfen brennbare Teile des Daches nicht hinweggeführt werden. Bei Gebäuden der Gebäudeklassen 1 bis 3 sind Brandwände mindestens bis unter die Dachhaut zu führen. Verbleibende Hohlräume sind vollständig mit nichtbrennbaren Baustoffen auszufüllen.

(6) Müssen Gebäude oder Gebäudeteile, die über Eck zusammenstoßen, durch eine Brandwand getrennt werden, muss der Abstand dieser Wand von der inneren Ecke mindestens 5 m betragen; das gilt nicht, wenn der Winkel der inneren Ecke mehr als 120 Grad beträgt oder mindestens eine Außenwand auf 5 m Länge als öffnungslose feuerbeständige Wand aus nichtbrennbaren Baustoffen, bei Gebäuden der Gebäudeklassen 1 bis 4 als öffnungslose

34

hochfeuerhemmende Wand, ausgebildet ist.

(7) Bauteile mit brennbaren Baustoffen dürfen über Brandwände nicht hinweggeführt werden. Bei Außenwandkonstruktionen, die eine seitliche Brandausbreitung begünstigen können, wie bei hinterlüfteten Außenwandbekleidungen oder Doppelfassaden, sind gegen die Brandausbreitung im Bereich der Brandwände besondere Vorkehrungen zu treffen. Außenwandbekleidungen von Gebäudeabschlusswänden müssen einschließlich der Dämmstoffe und Unterkonstruktionen nichtbrennbar sein. Bauteile dürfen in Brandwände nur so weit eingreifen, dass deren Feuerwiderstandsfähigkeit nicht beeinträchtigt wird; für Leitungen, Leitungsschlitze und Schornsteine gilt dies entsprechend.

(8) Öffnungen in Brandwänden sind unzulässig. Sie sind in inneren Brandwänden nur zulässig, wenn sie auf die für die Nutzung erforderliche Zahl und Größe beschränkt sind; die Öffnungen müssen feuerbeständige, dicht- und selbstschließende Abschlüsse haben.

(9) In inneren Brandwänden sind feuerbeständige Verglasungen nur zulässig, wenn sie auf die für die Nutzung erforderliche Zahl und Größe beschränkt sind.

(10) Absatz 2 Nr. 1 gilt nicht für seitliche Wände von Vorbauten im Sinne des § 6 Abs. 6 Nr. 2, wenn sie von dem Nachbargebäude oder der Nachbargrenze einen Abstand einhalten, der ihrer eigenen Ausladung entspricht, mindestens jedoch 1 m beträgt.

(11) Die Absätze 4 bis 10 gelten entsprechend auch für Wände, die nach Absatz 3 Satz 2 und 3 anstelle von Brandwänden zulässig sind.

§ 31
Decken
(1) Decken müssen als tragende und raumabschließende Bauteile zwischen Geschossen im Brandfall ausreichend lang standsicher und widerstandsfähig gegen die Brandausbreitung sein. Sie müssen in Gebäuden
1.

der Gebäudeklasse 5 feuerbeständig,

2.

der Gebäudeklasse 4 hochfeuerhemmend und

3.

der Gebäudeklassen 2 und 3 feuerhemmend

sein. Satz 2 gilt
1.

für Geschosse im Dachraum nur, wenn darüber noch Aufenthaltsräume

35

möglich sind; § 29 Abs. 4 bleibt unberührt,

2.

nicht für Balkone, ausgenommen offene Gänge, die als notwendige Flure dienen.

(2) Im Kellergeschoss müssen Decken in Gebäuden

1.

der Gebäudeklassen 3 bis 5 feuerbeständig und

2.

der Gebäudeklassen 1 und 2 feuerhemmend

sein. Decken müssen feuerbeständig sein

1.

unter und über Räumen mit Explosions- oder erhöhter Brandgefahr, ausgenommen in Wohngebäuden der Gebäudeklassen 1 und 2 und

2.

zwischen dem landwirtschaftlich genutzten Teil und dem Wohnteil eines Gebäudes.

(3) Der Anschluss der Decken an die Außenwand ist so herzustellen, dass er den Anforderungen nach Absatz 1 Satz 1 genügt.

(4) Öffnungen in Decken, für die eine Feuerwiderstandsfähigkeit vorgeschrieben ist, sind nur zulässig

1.

in Gebäuden der Gebäudeklassen 1 und 2,

2.

innerhalb derselben Nutzungseinheit mit nicht mehr als insgesamt 400 m^2 in nicht mehr als zwei Geschossen und

3.

im Übrigen, wenn sie auf die für die Nutzung erforderliche Zahl und Größe beschränkt sind und Abschlüsse mit der Feuerwiderstandsfähigkeit der Decke haben.

§ 32
Dächer

(1) Bedachungen müssen gegen eine Brandbeanspruchung von außen durch Flugfeuer und strahlende Wärme ausreichend lang widerstandsfähig sein (harte Bedachung).

(2) Bedachungen, die die Anforderungen nach Absatz 1 nicht erfüllen, sind zulässig bei Gebäuden der Gebäudeklassen 1 bis 3, wenn die Gebäude

1.

einen Abstand von der Grundstücksgrenze von mindestens 12 m,

2.

von Gebäuden auf demselben Grundstück mit harter Bedachung einen Abstand von mindestens 15 m,

3.

von Gebäuden auf demselben Grundstück mit Bedachungen, die die Anforderungen nach Absatz 1 nicht erfüllen, einen Abstand von mindestens 24 m,

4.

von Gebäuden auf demselben Grundstück ohne Aufenthaltsräume und ohne Feuerstätten mit nicht mehr als 50 m^3 Brutto-Rauminhalt einen Abstand von mindestens 5 m

einhalten. Soweit Gebäude nach Satz 1 Abstand halten müssen, genügt bei Wohngebäuden der Gebäudeklassen 1 und 2 in den Fällen

1.

der Nummer 1 ein Abstand von mindestens 6 m,

2.

der Nummer 2 ein Abstand von mindestens 9 m und

3.

der Nummer 3 ein Abstand von mindestens 12 m.

(3) Die Absätze 1 und 2 gelten nicht für

1.

37

Gebäude ohne Aufenthaltsräume und ohne Feuerstätten mit nicht mehr als 50 m³ Brutto-Rauminhalt,

2.

lichtdurchlässige Bedachungen aus nichtbrennbaren Baustoffen; brennbare Fugendichtungen und brennbare Dämmstoffe in nichtbrennbaren Profilen sind zulässig,

3.

Dachflächenfenster, Oberlichte und Lichtkuppeln von Wohngebäuden,

4.

Eingangsüberdachungen und Vordächer aus nichtbrennbaren Baustoffen und

5.

Eingangsüberdachungen aus brennbaren Baustoffen, wenn die Eingänge nur zu Wohnungen führen.

(4) Abweichend von den Absätzen 1 und 2 sind

1.

lichtdurchlässige Teilflächen aus brennbaren Baustoffen in Bedachungen nach Absatz 1 und

2.

begrünte Bedachungen

zulässig, wenn eine Brandentstehung bei einer Brandbeanspruchung von außen durch Flugfeuer und strahlende Wärme nicht zu befürchten ist oder Vorkehrungen dagegen getroffen werden.

(5) Dachüberstände, Dachgesimse und Dachaufbauten, lichtdurchlässige Bedachungen, Dachflächenfenster, Lichtkuppeln, Oberlichte und Solaranlagen sind so anzuordnen und herzustellen, dass Feuer nicht auf andere Gebäudeteile und Nachbargrundstücke übertragen werden kann. Von Brandwänden und von Wänden, die anstelle von Brandwänden zulässig sind, müssen mindestens 1,25 m entfernt sein:

1.

Dachflächenfenster, Oberlichte, Lichtkuppeln und Öffnungen in der Bedachung, wenn diese Wände nicht mindestens 0,30 m über Dach geführt sind und

2.

Solaranlagen, Dachgauben und ähnliche Dachaufbauten aus brennbaren Baustoffen, wenn sie nicht durch diese Wände gegen Brandübertragung geschützt sind.

(6) Dächer von traufseitig aneinandergebauten Gebäuden müssen als raumabschließende Bauteile für eine Brandbeanspruchung von innen nach außen einschließlich der sie tragenden und aussteifenden Bauteile feuerhemmend sein. Öffnungen in diesen Dachflächen müssen waagerecht gemessen mindestens 2 m von der Brandwand oder der Wand, die anstelle der Brandwand zulässig ist, entfernt sein.

(7) Dächer von Anbauten, die an Außenwände mit Öffnungen oder ohne Feuerwiderstandsfähigkeit anschließen, müssen innerhalb eines Abstands von 5 m von diesen Wänden als raumabschließende Bauteile für eine Brandbeanspruchung von innen nach außen einschließlich der sie tragenden und aussteifenden Bauteile die Feuerwiderstandsfähigkeit der Decken des Gebäudeteils haben, an den sie angebaut werden. Dies gilt nicht für Anbauten an Wohngebäude der Gebäudeklassen 1 bis 3.

(8) Für vom Dach aus vorzunehmende Arbeiten sind sicher benutzbare Vorrichtungen anzubringen.

Fünfter Abschnitt
Rettungswege, Öffnungen, Umwehrungen

§ 33
Erster und zweiter Rettungsweg
(1) Für Nutzungseinheiten mit mindestens einem Aufenthaltsraum, wie Wohnungen, Praxen, selbstständige Betriebsstätten, müssen in jedem Geschoss mindestens zwei voneinander unabhängige Rettungswege ins Freie vorhanden sein; beide Rettungswege dürfen jedoch innerhalb des Geschosses über denselben notwendigen Flur führen.

(2) Für Nutzungseinheiten nach Absatz 1, die nicht zu ebener Erde liegen, muss der erste Rettungsweg über eine notwendige Treppe führen. Der zweite Rettungsweg kann eine weitere notwendige Treppe oder eine mit Rettungsgeräten der Feuerwehr erreichbare Stelle der Nutzungseinheit sein. Ein zweiter Rettungsweg ist nicht erforderlich, wenn die Rettung über einen sicher erreichbaren Treppenraum möglich ist, in den Feuer und Rauch nicht eindringen können (Sicherheitstreppenraum).

(3) Gebäude, deren zweiter Rettungsweg über Rettungsgeräte der Feuerwehr führt und bei denen die Oberkante der Brüstung von zum Anleitern bestimmten Fenstern oder Stellen mehr als 8 m über der Geländeoberfläche liegt, dürfen nur errichtet werden, wenn die Feuerwehr über Hubrettungsfahrzeuge verfügt. Der zweite Rettungsweg über Rettungsgeräte der Feuerwehr ist nur zulässig, wenn keine Bedenken wegen der Personenrettung bestehen.

§ 34
Treppen

(1) Jedes nicht zu ebener Erde liegende Geschoss und der benutzbare Dachraum eines Gebäudes müssen über mindestens eine Treppe zugänglich sein (notwendige Treppe). Statt notwendiger Treppen sind Rampen mit flacher Neigung zulässig.

(2) Einschiebbare Treppen und Rolltreppen sind als notwendige Treppen unzulässig. In Gebäuden der Gebäudeklassen 1 und 2 sind einschiebbare Treppen und Leitern als Zugang zu einem Dachraum ohne Aufenthaltsräume zulässig.

(3) Notwendige Treppen sind in einem Zuge zu allen angeschlossenen Geschossen zu führen; sie müssen mit den Treppen zum Dachraum unmittelbar verbunden sein. Dies gilt nicht für Treppen

1.

   in Gebäuden der Gebäudeklassen 1 bis 3 und

2.

   nach § 35 Abs. 1 Satz 3 Nr. 2.

(4) Die tragenden Teile notwendiger Treppen müssen in Gebäuden

1.

   der Gebäudeklasse 5 feuerhemmend und aus nichtbrennbaren Baustoffen,

2.

   der Gebäudeklasse 4 aus nichtbrennbaren Baustoffen,

3.

   der Gebäudeklasse 3 aus nichtbrennbaren Baustoffen oder feuerhemmend

sein. Tragende Teile von Außentreppen nach § 35 Abs. 1 Satz 3 Nr. 3 für Gebäude der Gebäudeklassen 3 bis 5 müssen aus nichtbrennbaren Baustoffen bestehen.

(5) Die nutzbare Breite der Treppenläufe und Treppenabsätze notwendiger Treppen muss für den größten zu erwartenden Verkehr ausreichen.

(6) Treppen müssen einen festen und griffsicheren Handlauf haben. Für Treppen sind Handläufe auf beiden Seiten und Zwischenhandläufe vorzusehen, soweit die Verkehrssicherheit dies erfordert.

(7) Eine Treppe darf nicht unmittelbar hinter einer Tür beginnen, die in Richtung der Treppe aufschlägt; zwischen Treppe und Tür ist ein ausreichender Treppenabsatz anzuordnen.

§ 35
Notwendige Treppenräume, Ausgänge

(1) Jede notwendige Treppe muss zur Sicherstellung der Rettungswege aus den Geschossen ins Freie in einem eigenen, durchgehenden Treppenraum liegen (notwendiger Treppenraum). Notwendige Treppenräume müssen so angeordnet und ausgebildet sein, dass die Nutzung der notwendigen Treppen im Brandfall ausreichend lang möglich ist. Notwendige Treppen sind ohne eigenen Treppenraum zulässig

1.

   in Gebäuden der Gebäudeklassen 1 und 2,

2.

   für die Verbindung von höchstens zwei Geschossen innerhalb derselben Nutzungseinheit von insgesamt nicht mehr als 200 m^2, wenn in jedem Geschoss ein anderer Rettungsweg erreicht werden kann sowie

3.

   als Außentreppe, wenn ihre Benutzung ausreichend sicher ist und im Brandfall nicht gefährdet werden kann.

(2) Von jeder Stelle eines Aufenthaltsraumes sowie eines Kellergeschosses muss mindestens ein Ausgang in einen notwendigen Treppenraum oder ins Freie in höchstens 35 m Entfernung erreichbar sein. Übereinanderliegende Kellergeschosse müssen jeweils mindestens zwei Ausgänge in notwendige Treppenräume oder ins Freie haben. Sind mehrere notwendige Treppenräume erforderlich, müssen sie so verteilt sein, dass sie möglichst entgegengesetzt liegen und dass die Rettungswege möglichst kurz sind.

(3) Jeder notwendige Treppenraum muss einen unmittelbaren Ausgang ins Freie haben. Sofern der Ausgang eines notwendigen Treppenraumes nicht unmittelbar ins Freie führt, muss der Raum zwischen dem notwendigen Treppenraum und dem Ausgang ins Freie

1.

   mindestens so breit sein wie die dazugehörigen Treppenläufe,

2.

   Wände haben, die die Anforderungen an die Wände des Treppenraumes erfüllen,

3.

   rauchdichte und selbstschließende Abschlüsse zu notwendigen Fluren haben und

4.

ohne Öffnungen zu anderen Räumen, ausgenommen zu notwendigen Fluren, sein.

(4) Die Wände notwendiger Treppenräume müssen als raumabschließende Bauteile in Gebäuden

1.

der Gebäudeklasse 5 die Bauart von Brandwänden haben,

2.

der Gebäudeklasse 4 auch unter zusätzlicher mechanischer Beanspruchung hochfeuerhemmend und

3.

der Gebäudeklasse 3 feuerhemmend

sein. Dies ist nicht erforderlich für Außenwände von Treppenräumen, die aus nichtbrennbaren Baustoffen bestehen und durch andere an diese Außenwände anschließende Gebäudeteile im Brandfall nicht gefährdet werden können. Der obere Abschluss notwendiger Treppenräume muss als raumabschließendes Bauteil die Feuerwiderstandsfähigkeit der Decken des Gebäudes haben; dies gilt nicht, wenn der obere Abschluss das Dach ist und die Treppenraumwände bis unter die Dachhaut reichen.

(5) In notwendigen Treppenräumen und in Räumen nach Absatz 3 Satz 2 müssen

1.

Bekleidungen, Putze, Dämmstoffe, Unterdecken und Einbauten aus nichtbrennbaren Baustoffen bestehen,

2.

Wände und Decken aus brennbaren Baustoffen eine Bekleidung aus nichtbrennbaren Baustoffen in ausreichender Dicke haben und

3.

Bodenbeläge, ausgenommen Gleitschutzprofile, aus mindestens schwer entflammbaren Baustoffen bestehen.

(6) In notwendigen Treppenräumen müssen Öffnungen

1.

zu Kellergeschossen, zu nicht ausgebauten Dachräumen, Werkstätten, Läden, Lager- und ähnlichen Räumen sowie zu sonstigen Räumen und Nutzungseinheiten mit einer Fläche von mehr als 200 m^2, ausgenommen Wohnungen, mindestens feuerhemmende, rauchdichte und selbstschließende Abschlüsse,

2.

zu notwendigen Fluren rauchdichte und selbstschließende Abschlüsse,

3.

zu sonstigen Räumen und Nutzungseinheiten mindestens dicht- und selbstschließende Abschlüsse

haben. Die Feuerschutz- und Rauchschutzabschlüsse dürfen lichtdurchlässige Seitenteile und Oberlichte enthalten, wenn der Abschluss insgesamt nicht breiter als 2,50 m ist.

(7) Notwendige Treppenräume müssen zu beleuchten sein. Notwendige Treppenräume ohne Fenster müssen in Gebäuden mit einer Höhe nach § 2 Abs. 3 Satz 2 von mehr als 13 m eine Sicherheitsbeleuchtung haben.

(8) Notwendige Treppenräume müssen belüftet und zur Unterstützung wirksamer Löscharbeiten entraucht werden können. Sie müssen

1.

in jedem oberirdischen Geschoss unmittelbar ins Freie führende Fenster mit einem freien Querschnitt von mindestens 0,50 m^2 haben, die geöffnet werden können, oder

2.

an der obersten Stelle eine Öffnung zur Rauchableitung haben.

In den Fällen des Satzes 2 Nr. 1 ist in Gebäuden der Gebäudeklasse 5 an der obersten Stelle eine Öffnung zur Rauchableitung erforderlich; in den Fällen des Satzes 2 Nr. 2 sind in Gebäuden der Gebäudeklassen 4 und 5, soweit dies zur Erfüllung der Anforderungen nach Satz 1 erforderlich ist, besondere Vorkehrungen zu treffen. Öffnungen zur Rauchableitung nach Satz 2 und 3 müssen in jedem Treppenraum einen freien Querschnitt von mindestens 1 m^2 und Vorrichtungen zum Öffnen ihrer Abschlüsse haben, die vom Erdgeschoss sowie vom obersten Treppenabsatz aus bedient werden können.

(1) Flure, über die Rettungswege aus Aufenthaltsräumen oder aus Nutzungseinheiten mit Aufenthaltsräumen in notwendige Treppenräume oder ins Freie führen (notwendige Flure), müssen so angeordnet und ausgebildet sein, dass die Nutzung im Brandfall ausreichend lang möglich ist. Notwendige Flure sind nicht erforderlich

1.

in Wohngebäuden der Gebäudeklassen 1 und 2,

2.

in sonstigen Gebäuden der Gebäudeklassen 1 und 2, ausgenommen in Kellergeschossen,

3.

innerhalb von Nutzungseinheiten mit nicht mehr als 200 m^2 und innerhalb von Wohnungen und

4.

innerhalb von Nutzungseinheiten, die einer Büro- oder Verwaltungsnutzung dienen, mit nicht mehr als 400 m^2; das gilt auch für Teile größerer Nutzungseinheiten, wenn diese Teile nicht größer als 400 m^2 sind, Trennwände nach § 29 Abs. 2 Nr. 1 haben und jeder Teil unabhängig von anderen Teilen Rettungswege nach § 33 Abs. 1 hat.

(2) Notwendige Flure müssen so breit sein, dass sie für den größten zu erwartenden Verkehr ausreichen. In den Fluren ist eine Folge von weniger als drei Stufen unzulässig.

(3) Notwendige Flure sind durch nichtabschließbare rauchdichte und selbstschließende Abschlüsse in Rauchabschnitte zu unterteilen. Die Rauchabschnitte sollen nicht länger als 30 m sein. Die Abschlüsse sind bis an die Rohdecke zu führen; sie dürfen bis an die Unterdecke der Flure geführt werden, wenn die Unterdecke feuerhemmend ist. Notwendige Flure mit nur einer Fluchtrichtung, die zu einem Sicherheitstreppenraum führen, dürfen nicht länger als 15 m sein. Die Sätze 1 bis 4 gelten nicht für offene Gänge nach Absatz 5.

(4) Die Wände notwendiger Flure müssen als raumabschließende Bauteile feuerhemmend, in Kellergeschossen, deren tragende und aussteifende Bauteile feuerbeständig sein müssen, feuerbeständig sein. Die Wände sind bis an die Rohdecke zu führen. Sie dürfen bis an die Unterdecke der Flure geführt werden, wenn die Unterdecke feuerhemmend und ein demjenigen nach Satz 1 vergleichbarer Raumabschluss sichergestellt ist. Türen in diesen Wänden

müssen dicht schließen; Öffnungen zu Lagerbereichen im Kellergeschoss müssen feuerhemmende, dicht- und selbstschließende Abschlüsse haben.

(5) Für Wände und Brüstungen notwendiger Flure mit nur einer Fluchtrichtung, die als offene Gänge vor den Außenwänden angeordnet sind, gilt Absatz 4 entsprechend. Fenster sind in diesen Außenwänden ab einer Brüstungshöhe von 0,90 m zulässig.

(6) In notwendigen Fluren sowie in offenen Gängen nach Absatz 5 müssen

1.

Bekleidungen, Putze, Unterdecken und Dämmstoffe aus nichtbrennbaren Baustoffen bestehen,

2.

Wände und Decken aus brennbaren Baustoffen eine Bekleidung aus nichtbrennbaren Baustoffen in ausreichender Dicke haben.

§ 37
Fenster, Türen, sonstige Öffnungen

(1) Können die Fensterflächen nicht gefahrlos vom Erdboden, vom Innern des Gebäudes oder von Loggien und Balkonen aus gereinigt werden, so sind Vorrichtungen, wie Aufzüge, Halterungen oder Stangen anzubringen, die eine Reinigung von außen ermöglichen.

(2) Glastüren und andere Glasflächen, die bis zum Fußboden allgemein zugänglicher Verkehrsflächen herabreichen, sind so zu kennzeichnen, dass sie leicht erkannt werden können. Weitere Schutzmaßnahmen sind für größere Glasflächen vorzusehen, wenn dies die Sicherheit des Verkehrs erfordert.

(3) Eingangstüren von Wohnungen, die über Aufzüge erreichbar sein müssen, müssen eine lichte Durchgangsbreite von mindestens 0,90 m haben.

(4) Jedes Kellergeschoss ohne Fenster muss mindestens eine Öffnung ins Freie haben, um eine Rauchableitung zu ermöglichen. Gemeinsame Kellerlichtschächte für übereinander liegende Kellergeschosse sind unzulässig.

(5) Fenster, die als Rettungswege nach § 33 Abs. 2 Satz 2 dienen, müssen im Lichten mindestens 0,90 m x 1,20 m groß und nicht höher als 1,20 m über der Fußbodenoberkante angeordnet sein. Liegen diese Fenster in Dachschrägen oder Dachaufbauten, so darf ihre Unterkante oder ein davor liegender Austritt von der Traufkante horizontal gemessen nicht mehr als 1 m entfernt sein.

§ 38
Umwehrungen

(1) In, an und auf baulichen Anlagen sind zu umwehren oder mit Brüstungen zu versehen:

1.

45

Flächen, die im Allgemeinen zum Begehen bestimmt sind und unmittelbar an mehr als 1 m tiefer liegende Flächen angrenzen; dies gilt nicht, wenn die Umwehrung dem Zweck der Flächen widerspricht,

2.

nicht begehbare Oberlichte und Glasabdeckungen in Flächen, die im Allgemeinen zum Begehen bestimmt sind, wenn sie weniger als 0,50 m aus diesen Flächen herausragen,

3.

Dächer oder Dachteile, die zum auch nur zeitweiligen Aufenthalt von Menschen bestimmt sind,

4.

Öffnungen in begehbaren Decken sowie in Dächern oder Dachteilen nach Nummer 3, wenn sie nicht sicher abgedeckt sind,

5.

nicht begehbare Glasflächen in Decken sowie in Dächern oder Dachteilen nach Nummer 3,

6.

die freien Seiten von Treppenläufen, Treppenabsätzen und Treppenöffnungen (Treppenaugen),

7.

Kellerlichtschächte und Betriebsschächte, die an Verkehrsflächen liegen, wenn sie nicht verkehrssicher abgedeckt sind.

(2) In Verkehrsflächen liegende Kellerlichtschächte und Betriebsschächte sind in Höhe der Verkehrsfläche verkehrssicher abzudecken. An und in Verkehrsflächen liegende Abdeckungen müssen gegen unbefugtes Abheben gesichert sein. Fenster, die unmittelbar an Treppen liegen und deren Brüstung unter der notwendigen Umwehrungshöhe liegen, sind zu sichern.

(3) Fensterbrüstungen von Flächen mit einer Absturzhöhe bis zu 12 m müssen mindestens 0,80 m, von Flächen mit mehr als 12 m Absturzhöhe mindestens 0,90 m hoch sein. Geringere Brüstungshöhen sind zulässig, wenn durch andere Vorrichtungen wie Geländer die nach Absatz 4 vorgeschriebenen Mindesthöhen eingehalten werden.

(4) Andere notwendige Umwehrungen müssen folgende Mindesthöhen haben:

1.

Umwehrungen zur Sicherung von Öffnungen in begehbaren Decken und Dächern sowie Umwehrungen von Flächen mit einer Absturzhöhe von 1 m bis zu 12 m eine Mindesthöhe von 0,90 m,

2.

Umwehrungen von Flächen mit mehr als 12 m Absturzhöhe eine Mindesthöhe von 1,10 m.

Sechster Abschnitt
Technische Gebäudeausrüstung
§ 39
Aufzüge

(1) Aufzüge im Innern von Gebäuden müssen eigene Fahrschächte haben, um eine Brandausbreitung in andere Geschosse ausreichend lang zu verhindern. In einem Fahrschacht dürfen bis zu drei Aufzüge liegen. Aufzüge ohne eigene Fahrschächte sind zulässig

1.

innerhalb eines notwendigen Treppenraumes, ausgenommen in Hochhäusern,

2.

innerhalb von Räumen, die Geschosse überbrücken,

3.

zur Verbindung von Geschossen, die offen miteinander in Verbindung stehen dürfen,

4.

in Gebäuden der Gebäudeklassen 1 und 2;

sie müssen sicher umkleidet sein.

(2) Fahrschachtwände müssen als raumabschließende Bauteile

1.

in Gebäuden der Gebäudeklasse 5 feuerbeständig und aus nichtbrennbaren Baustoffen,

2.

in Gebäuden der Gebäudeklasse 4 hochfeuerhemmend,

47

3.

in Gebäuden der Gebäudeklasse 3 feuerhemmend

sein; Fahrschachtwände aus brennbaren Baustoffen müssen schachtseitig eine Bekleidung aus nichtbrennbaren Baustoffen in ausreichender Dicke haben. Fahrschachttüren und andere Öffnungen in Fahrschachtwänden mit erforderlicher Feuerwiderstandsfähigkeit sind so herzustellen, dass die Anforderungen nach Absatz 1 Satz 1 nicht beeinträchtigt werden.

(3) Fahrschächte müssen zu lüften sein und eine Öffnung zur Rauchableitung mit einem freien Querschnitt von mindestens 2,5 vom Hundert der Fahrschachtgrundfläche, mindestens jedoch 0,10 m^2 haben. Diese Öffnung darf einen Abschluss haben, der im Brandfall selbsttätig öffnet und von mindestens einer geeigneten Stelle aus bedient werden kann. Die Lage der Rauchaustrittsöffnungen muss so gewählt werden, dass der Rauchaustritt durch Windeinfluss nicht beeinträchtigt wird.

(4) Gebäude mit einer Höhe nach § 2 Abs. 3 Satz 2 von mehr als 13 m müssen Aufzüge in ausreichender Zahl haben; die Aufzüge müssen mit Sprachmodulen ausgerüstet sein. Von diesen Aufzügen muss mindestens ein Aufzug Kinderwagen, Rollstühle, Krankentragen und Lasten aufnehmen können und Haltestellen in allen Geschossen haben. Dieser Aufzug muss von der öffentlichen Verkehrsfläche und von allen Wohnungen in dem Gebäude aus stufenlos erreichbar sein. Haltestellen im obersten Geschoss oder in den Kellergeschossen sind nicht erforderlich, wenn sie nur unter besonderen Schwierigkeiten hergestellt werden können.

(5) Fahrkörbe zur Aufnahme einer Krankentrage müssen eine nutzbare Grundfläche von mindestens 1,10 m x 2,10 m, zur Aufnahme eines Rollstuhles von mindestens 1,10 m x 1,40 m haben; Türen müssen eine lichte Durchgangsbreite von mindestens 0,90 m haben. In einem Aufzug für Rollstühle und Krankentragen darf der für Rollstühle nicht erforderliche Teil der Fahrkorbgrundfläche durch eine verschließbare Tür abgesperrt werden. Vor den Aufzügen muss eine ausreichende Bewegungsfläche vorhanden sein.

§ 40
Leitungsanlagen, Installationsschächte und -kanäle

(1) Leitungen dürfen durch raumabschließende Bauteile, für die eine Feuerwiderstandsfähigkeit vorgeschrieben ist, nur hindurchgeführt werden, wenn eine Brandausbreitung ausreichend lang nicht zu befürchten ist oder Vorkehrungen dagegen getroffen sind; dies gilt nicht

1.

für Gebäude der Gebäudeklassen 1 und 2,

2.

innerhalb von Wohnungen und

48

3.

innerhalb derselben Nutzungseinheit mit nicht mehr als insgesamt 400 m^2 in nicht mehr als zwei Geschossen.

(2) In notwendigen Treppenräumen, in Räumen nach § 35 Abs. 3 Satz 2 und in notwendigen Fluren sind Leitungsanlagen nur zulässig, wenn eine Nutzung als Rettungsweg im Brandfall ausreichend lang möglich ist.

(3) Für Installationsschächte und -kanäle gelten Absatz 1 sowie § 41 Abs. 2 Satz 1 und Abs. 3 entsprechend.

§ 41
Lüftungsanlagen

(1) Lüftungsanlagen müssen betriebssicher und brandsicher sein; sie dürfen den ordnungsgemäßen Betrieb von Feuerungsanlagen nicht beeinträchtigen.

(2) Lüftungsleitungen sowie deren Bekleidungen und Dämmstoffe müssen aus nichtbrennbaren Baustoffen bestehen; brennbare Baustoffe sind zulässig, wenn ein Beitrag der Lüftungsleitung zur Brandentstehung und Brandweiterleitung nicht zu befürchten ist. Lüftungsleitungen dürfen raumabschließende Bauteile, für die eine Feuerwiderstandsfähigkeit vorgeschrieben ist, nur überbrücken, wenn eine Brandausbreitung ausreichend lang nicht zu befürchten ist oder wenn Vorkehrungen hiergegen getroffen sind.

(3) Lüftungsanlagen sind so herzustellen, dass sie Gerüche und Staub nicht in andere Räume übertragen.

(4) Lüftungsanlagen dürfen nicht in Abgasleitungen eingeführt werden; die gemeinsame Nutzung von Lüftungsleitungen zur Lüftung und zur Ableitung der Abgase von Feuerstätten ist zulässig, wenn keine Bedenken wegen der Betriebssicherheit und des Brandschutzes bestehen. Die Abluft ist ins Freie zu führen. Nicht zur Lüftungsanlage gehörende Einrichtungen sind in Lüftungsleitungen unzulässig.

(5) Die Absätze 2 und 3 gelten nicht

1.

für Gebäude der Gebäudeklassen 1 und 2,

2.

innerhalb von Wohnungen und

3.

innerhalb derselben Nutzungseinheit mit nicht mehr als 400 m^2 in nicht mehr als zwei Geschossen.

(6) Für raumlufttechnische Anlagen und Warmluftheizungen gelten die Absätze

1 bis 5 sinngemäß.

Feuerungsanlagen, sonstige Anlagen zur
Wärmeerzeugung, Brennstoffversorgung

(1) Feuerstätten und Abgasanlagen (Feuerungsanlagen) müssen betriebssicher und brandsicher sein.

(2) Feuerstätten dürfen in Räumen nur aufgestellt werden, wenn nach der Art der Feuerstätte und nach der Lage, Größe, baulichen Beschaffenheit und Nutzung der Räume Gefahren nicht entstehen.

(3) Abgase von Feuerstätten sind durch Abgasleitungen, Schornsteine und Verbindungsstücke (Abgasanlagen) so abzuführen, dass keine Gefahren oder unzumutbaren Belästigungen entstehen. Abgasanlagen sind in solcher Zahl und Lage und so herzustellen, dass die Feuerstätten des Gebäudes ordnungsgemäß angeschlossen werden können. Sie müssen leicht zu reinigen sein.

(4) Behälter und Rohrleitungen für brennbare Gase und Flüssigkeiten müssen betriebssicher und brandsicher sein. Diese Behälter sowie feste Brennstoffe sind so aufzustellen oder zu lagern, dass keine Gefahren oder unzumutbaren Belästigungen entstehen.

(5) Für die Aufstellung von ortsfesten Verbrennungsmotoren, Blockheizkraftwerken, Brennstoffzellen und Verdichtern sowie die Ableitung ihrer Verbrennungsgase gelten die Absätze 1 bis 3 entsprechend.

§ 43
Sanitäre Anlagen, Wasserzähler

(1) Fensterlose Bäder und Toiletten sind nur zulässig, wenn eine wirksame Lüftung gewährleistet ist.

(2) Jede Wohnung muss einen eigenen Wasserzähler haben. Dies gilt nicht bei Nutzungsänderungen, wenn die Anforderung nach Satz 1 nur mit unverhältnismäßigem Mehraufwand erfüllt werden kann.

§ 44
Kleinkläranlagen, Gruben

Kleinkläranlagen und Gruben müssen wasserdicht und ausreichend groß sein. Sie müssen eine dichte und sichere Abdeckung sowie Reinigungs- und Entleerungsöffnungen haben. Diese Öffnungen dürfen nur vom Freien aus zugänglich sein. Die Anlagen sind so zu entlüften, dass Gesundheitsschäden oder unzumutbare Belästigungen nicht entstehen. Die Zuleitungen zu Abwasserentsorgungsanlagen müssen geschlossen, dicht, und, soweit erforderlich, zum Reinigen eingerichtet sein.

§ 45
Aufbewahrung fester Abfallstoffe

Feste Abfallstoffe dürfen innerhalb von Gebäuden vorübergehend aufbewahrt werden, in Gebäuden der Gebäudeklassen 3 bis 5 jedoch nur, wenn die dafür bestimmten Räume

1.

Trennwände und Decken als raumabschließende Bauteile mit der Feuerwiderstandsfähigkeit der tragenden Wände und

2.

Öffnungen vom Gebäudeinnern zum Aufstellraum mit feuerhemmenden, dicht- und selbstschließenden Abschlüssen haben,

3.

unmittelbar vom Freien entleert werden können und

4.

eine ständig wirksame Lüftung haben.

§ 46
Blitzschutzanlagen

Bauliche Anlagen, bei denen nach Lage, Bauart oder Nutzung Blitzschlag leicht eintreten oder zu schweren Folgen führen kann, sind mit dauernd wirksamen Blitzschutzanlagen zu versehen.

Siebenter Abschnitt
Nutzungsbedingte Anforderungen

§ 47
Aufenthaltsräume

(1) Aufenthaltsräume müssen eine lichte Raumhöhe von mindestens 2,40 m haben. Dies gilt nicht für Aufenthaltsräume in Wohngebäuden der Gebäudeklassen 1 und 2 und für Aufenthaltsräume im Dachraum.

(2) Aufenthaltsräume müssen ausreichend belüftet und mit Tageslicht belichtet werden können. Sie müssen Fenster mit einem Rohbaumaß der Fensteröffnungen von mindestens einem Achtel der Netto-Grundfläche des Raumes einschließlich der Netto-Grundfläche verglaster Vorbauten und Loggien haben.

(3) Aufenthaltsräume, deren Benutzung eine Belichtung mit Tageslicht verbietet, sowie Verkaufsräume, Schank- und Speisegaststätten, ärztliche Behandlungs-, Sport-, Spiel-, Werk- und ähnliche Räume sind ohne Fenster zulässig.

§ 48
Wohnungen

(1) Fensterlose Küchen oder Kochnischen sind zulässig, wenn eine wirksame Lüftung gewährleistet ist.

(2) Für Wohngebäude der Gebäudeklassen 3 bis 5 sind leicht erreichbare und gut zugängliche Abstellräume für Kinderwagen und Fahrräder sowie für jede Wohnung ein ausreichend großer Abstellraum herzustellen.

(3) Jede Wohnung muss ein Bad mit Badewanne oder Dusche und eine Toilette haben.

(4) Zum Schutz von Leben und Gesundheit müssen in Wohnungen Schlafräume und Kinderzimmer sowie Flure, über die Rettungswege von Aufenthaltsräumen führen, jeweils mindestens einen Rauchwarnmelder haben. Die Rauchwarnmelder müssen so eingebaut und betrieben werden, dass Brandrauch frühzeitig erkannt und gemeldet wird. Vorhandene Wohnungen sind bis zum 31. Dezember 2018 mit Rauchwarnmeldern auszurüsten. Die Einstandspflicht der Versicherer im Schadensfall bleibt unberührt.

§ 49
Stellplätze und Garagen, Abstellplätze für Fahrräder

(1) Bei der Errichtung von Anlagen, bei denen ein Zu- und Abgangsverkehr zu erwarten ist, müssen geeignete Stellplätze oder Garagen hergestellt werden, wenn und soweit insbesondere unter Berücksichtigung der örtlichen Verkehrsverhältnisse und des öffentlichen Personenverkehrs zu erwarten ist, dass der Zu- und Abgangsverkehr mittels Kraftfahrzeug erfolgt (notwendige Stellplätze und Garagen). Bei Änderungen oder Nutzungsänderungen ist nur der Mehrbedarf zu decken. Die Stellplatzpflicht nach den Sätzen 1 und 2 entfällt, wenn die Gemeinde durch örtliche Bauvorschrift nach § 88 oder durch städtebauliche Satzung die Herstellung von Stellplätzen und Garagen ausschließt oder beschränkt.

(2) Die Stellplätze und Garagen sind auf dem Baugrundstück oder in zumutbarer Entfernung davon auf einem geeigneten Grundstück, dessen Benutzung für diesen Zweck öffentlich-rechtlich gesichert wird, herzustellen oder nach Absatz 3 abzulösen.

(3) Die Stellplätze können mit Einverständnis der Gemeinde durch Zahlung eines Geldbetrags abgelöst werden. Die Höhe des Geldbetrags je Stellplatz ist durch Satzung festzulegen und kann insbesondere nach der Art der Nutzung und der Lage der Anlage unterschiedlich geregelt werden. Der Geldbetrag darf 60 vom Hundert der durchschnittlichen Herstellungskosten von Parkeinrichtungen nach Absatz 4 Nr. 1 einschließlich der Kosten des Grunderwerbs im Gemeindegebiet oder in bestimmten Teilen des Gemeindegebiets nicht übersteigen.

(4) Die Gemeinde hat den Geldbetrag nach Absatz 3 zweckgebunden zu verwenden für

1.

die Herstellung zusätzlicher oder die Instandhaltung, Instandsetzung oder Modernisierung bestehender Parkeinrichtungen,

2.

sonstige investive Maßnahmen zur Entlastung der Straßen vom ruhenden Verkehr.

(5) Ist nach der Art oder Nutzung einer Anlage mit einem erheblichen Zu- oder Abgangsverkehr mit Fahrrädern zu rechnen, sind geeignete Abstellmöglichkeiten für Fahrräder in dem erforderlichen Umfang herzustellen.

§ 50
Barrierefreies Bauen

(1) In Gebäuden mit mehr als zwei Wohnungen müssen die Wohnungen mindestens eines Geschosses barrierefrei erreichbar sein; diese Verpflichtung kann auch durch eine entsprechende Zahl barrierefrei erreichbarer Wohnungen in mehreren Geschossen erfüllt werden. In diesen Wohnungen müssen die Wohn- und Schlafräume, eine Toilette, ein Bad, die Küche oder Kochnische sowie die zu diesen Räumen führenden Flure barrierefrei, insbesondere mit dem Rollstuhl zugänglich, sein. § 39 Abs. 4 bleibt unberührt.

(2) Bauliche Anlagen, die öffentlich zugänglich sind, müssen in den dem allgemeinen Besucher- und Benutzerverkehr dienenden Teilen barrierefrei sein. Dies gilt insbesondere für

1.

    Einrichtungen der Kultur und des Bildungswesens,

2.

    Sport- und Freizeitstätten,

3.

    Einrichtungen des Gesundheitswesens,

4.

    Büro-, Verwaltungs- und Gerichtsgebäude,

5.

    Verkaufs-, Gast- und Beherbergungsstätten,

6.

    Stellplätze, Garagen und Toilettenanlagen.

Für die der zweckentsprechenden Nutzung dienenden Räume und Anlagen genügt es, wenn sie in dem erforderlichen Umfang barrierefrei sind. Toilettenräume und notwendige Stellplätze für Besucher und Benutzer müssen in der erforderlichen Anzahl barrierefrei sein.

53

An Sonderbauten können im Einzelfall zur Verwirklichung der allgemeinen Anforderungen nach § 3 Abs. 1 besondere Anforderungen gestellt werden. Erleichterungen können gestattet werden, soweit es der Einhaltung von Bestimmungen wegen der besonderen Art oder Nutzung baulicher Anlagen oder Räume oder wegen besonderer Anforderungen nicht bedarf. Die Anforderungen und Erleichterungen nach den Sätzen 1 und 2 können sich insbesondere erstrecken auf:

1.

    die Anordnung der baulichen Anlagen auf dem Grundstück,

2.

    die Abstände von Nachbargrenzen, von anderen baulichen Anlagen auf dem Grundstück und von öffentlichen Verkehrsflächen sowie auf die Größe der freizuhaltenden Flächen der Grundstücke,

3.

    die Öffnungen nach öffentlichen Verkehrsflächen und nach angrenzenden Grundstücken,

4.

    die Anlage von Zu- und Abfahrten,

5.

    die Anlage von Grünstreifen, Baumpflanzungen und anderen Pflanzungen sowie die Begrünung oder Beseitigung von Halden und Gruben,

6.

    die Bauart und Anordnung aller für die Stand- und Verkehrssicherheit, den Brand-, Wärme-, Schall- oder Gesundheitsschutz wesentlichen Bauteile und die Verwendung von Baustoffen,

7.

    Brandschutzanlagen, -einrichtungen und -vorkehrungen,

8.

    die Löschwasserrückhaltung,

9.

die Anordnung und Herstellung von Aufzügen, Treppen, Treppenräumen, Fluren, Ausgängen und sonstigen Rettungswegen,

10.

die Beleuchtung und Energieversorgung,

11.

die Lüftung und Rauchableitung,

12.

die Feuerungsanlagen und Heizräume,

13.

die Wasserversorgung,

14.

die Aufbewahrung und Entsorgung von Abwasser und festen Abfallstoffen,

15.

die Stellplätze und Garagen,

16.

die barrierefreie Nutzbarkeit,

17.

die zulässige Zahl der Benutzer, Anordnung und Zahl der zulässigen Sitz- und Stehplätze bei Versammlungsstätten, Tribünen und Fliegenden Bauten,

18.

die Zahl der Toiletten für Besucher,

19.

Umfang, Inhalt und Zahl besonderer Bauvorlagen, insbesondere eines Brandschutzkonzepts,

55

20.

weitere zu erbringende Bescheinigungen,

21.

die Bestellung und Qualifikation des Bauleiters und der Fachbauleiter,

22.

den Betrieb und die Nutzung einschließlich der Bestellung und der Qualifikation eines Brandschutzbeauftragten,

23.

Erst- und Wiederholungsprüfungen und die Bescheinigungen, die hierüber zu erbringen sind.

Vierter Teil
Die am Bau Beteiligten

§ 52
Grundsatz

Bei der Errichtung, Änderung, Nutzungsänderung und der Beseitigung von Anlagen sind der Bauherr und im Rahmen ihres Wirkungskreises die anderen am Bau Beteiligten dafür verantwortlich, dass die öffentlich-rechtlichen Vorschriften eingehalten werden.

§ 53
Bauherr

(1) Der Bauherr hat zur Vorbereitung, Überwachung und Ausführung eines nicht verfahrensfreien Bauvorhabens sowie der Beseitigung von Anlagen geeignete Beteiligte nach Maßgabe der §§ 54 bis 56 zu bestellen, soweit er nicht selbst zur Erfüllung der Verpflichtungen nach diesen Bestimmungen geeignet ist. Dem Bauherrn obliegen außerdem die nach den öffentlich-rechtlichen Vorschriften erforderlichen Anträge, Anzeigen und Nachweise. Er hat vor Baubeginn den Namen des Bauleiters, während der Bauausführung einen Wechsel des Bauleiters unverzüglich der Bauaufsichtsbehörde schriftlich mitzuteilen. Wechselt der Bauherr, hat der neue Bauherr dies der Bauaufsichtsbehörde unverzüglich schriftlich mitzuteilen.

(2) Treten bei einem Bauvorhaben mehrere Personen als Bauherr auf, kann die Bauaufsichtsbehörde verlangen, dass ihr gegenüber ein Vertreter bestellt wird, der die dem Bauherrn nach den öffentlich-rechtlichen Vorschriften obliegenden Verpflichtungen zu erfüllen hat. Im Übrigen findet § 18 Abs. 1 Satz 2 und 3 sowie Abs. 2 ThürVwVfG entsprechende Anwendung.

§ 54
Entwurfsverfasser

(1) Der Entwurfsverfasser muss nach Sachkunde und Erfahrung zur Vorbereitung des jeweiligen Bauvorhabens geeignet sein. Er ist für die Vollständigkeit und Brauchbarkeit seines Entwurfs verantwortlich. Der Entwurfsverfasser hat dafür zu sorgen, dass die für die Ausführung notwendigen Einzelzeichnungen, Einzelberechnungen und Anweisungen den öffentlich-rechtlichen Vorschriften entsprechen.

(2) Hat der Entwurfsverfasser auf einzelnen Fachgebieten nicht die erforderliche Sachkunde und Erfahrung, sind geeignete Fachplaner heranzuziehen. Diese sind für die von ihnen gefertigten Unterlagen, die sie zu unterzeichnen haben, verantwortlich. Für das ordnungsgemäße Ineinandergreifen aller Fachplanungen bleibt der Entwurfsverfasser verantwortlich.

§ 55
Unternehmer

(1) Jeder Unternehmer ist für die mit den öffentlich-rechtlichen Anforderungen übereinstimmende Ausführung der von ihm übernommenen Arbeiten und insoweit für die ordnungsgemäße Einrichtung und den sicheren Betrieb der Baustelle verantwortlich. Er hat die erforderlichen Nachweise über die Verwendbarkeit der verwendeten Bauprodukte und Bauarten zu erbringen und auf der Baustelle bereitzuhalten.

(2) Jeder Unternehmer hat auf Verlangen der Bauaufsichtsbehörde für Arbeiten, bei denen die Sicherheit der Anlage in außergewöhnlichem Maße von der besonderen Sachkenntnis und Erfahrung des Unternehmers oder von einer Ausstattung des Unternehmens mit besonderen Vorrichtungen abhängt, nachzuweisen, dass er für diese Arbeiten geeignet ist und über die erforderlichen Vorrichtungen verfügt.

§ 56
Bauleiter

(1) Der Bauleiter hat darüber zu wachen, dass die Baumaßnahme entsprechend den öffentlich-rechtlichen Anforderungen durchgeführt wird und die dafür erforderlichen Weisungen zu erteilen. Er hat im Rahmen dieser Aufgabe auf den sicheren bautechnischen Betrieb der Baustelle, insbesondere auf das gefahrlose Ineinandergreifen der Arbeiten der Unternehmer zu achten. Die Verantwortlichkeit der Unternehmer bleibt unberührt.

(2) Der Bauleiter muss über die für seine Aufgabe erforderliche Sachkunde und Erfahrung verfügen. Verfügt er auf einzelnen Teilgebieten nicht über die erforderliche Sachkunde, so sind geeignete Fachbauleiter heranzuziehen. Diese treten insoweit an die Stelle des Bauleiters. Der Bauleiter hat die Tätigkeit der Fachbauleiter und seine Tätigkeit aufeinander abzustimmen.

Fünfter Teil
Bauaufsichtsbehörden, Verfahren

Erster Abschnitt
Bauaufsichtsbehörden

§ 57
Aufbau und Zuständigkeit der Bauaufsichtsbehörden

(1) Bauaufsichtsbehörden sind

1.

die Landkreise und die kreisfreien Städte im übertragenen Wirkungskreis als untere Bauaufsichtsbehörden,

2.

das Landesverwaltungsamt als obere Bauaufsichtsbehörde,

3.

das für das Bauordnungsrecht zuständige Ministerium als oberste Bauaufsichtsbehörde.

Das Landesverwaltungsamt ist auch technische Fachbehörde. Es unterstützt auf Anforderung die Bauaufsichtsbehörden, insbesondere durch Gutachten und Beratung, und wirkt bei der Normung mit.

(2) Für den Vollzug dieses Gesetzes sowie anderer öffentlich-rechtlicher Vorschriften für die Errichtung, Änderung, Nutzungsänderung, Instandhaltung, Nutzung oder die Beseitigung von Anlagen ist die untere Bauaufsichtsbehörde zuständig, soweit nichts anderes bestimmt ist.

(3) Kommt eine Bauaufsichtsbehörde einer schriftlichen Weisung der Fachaufsichtsbehörde nicht innerhalb einer gesetzten angemessenen Frist nach, so kann der Leiter der Fachaufsichtsbehörde anstelle der angewiesenen Behörde handeln (Selbsteintritt).

(4) Die Bauaufsichtsbehörden sind zur Durchführung ihrer Aufgaben ausreichend mit geeigneten Fachkräften zu besetzen und mit den erforderlichen Vorrichtungen auszustatten. Den Bauaufsichtsbehörden müssen insbesondere auch Personen mit Ingenieur- oder Hochschulabschluss im Bauwesen, die die erforderlichen Kenntnisse der Bautechnik, der Baugestaltung und des öffentlichen Baurechts haben und Personen, die die Befähigung zum Richteramt oder zum höheren nichttechnischen Verwaltungsdienst haben, angehören. Die oberste Bauaufsichtsbehörde kann Ausnahmen gestatten.

§ 58
Aufgaben und Befugnisse der Bauaufsichtsbehörden

(1) Die Bauaufsichtsbehörden haben bei der Errichtung, Änderung, Nutzungsänderung und Beseitigung sowie bei der Nutzung und Instandhaltung von Anlagen darüber zu wachen, dass die öffentlich-rechtlichen Vorschriften eingehalten werden, soweit nicht andere, sachnähere Behörden zuständig sind. Sie haben in Wahrnehmung dieser Aufgaben nach pflichtgemäßem Ermessen

die erforderlichen Maßnahmen zu treffen.

(2) Soweit die Bestimmungen der §§ 12 bis 50 und die aufgrund dieses Gesetzes erlassenen Vorschriften nicht ausreichen, um die Anforderungen nach § 3 zu erfüllen, können die Bauaufsichtsbehörden im Einzelfall auch weiter gehende Anforderungen stellen, um erhebliche Gefahren abzuwehren.

(3) Bauaufsichtliche Genehmigungen und sonstige Maßnahmen gelten auch für und gegen Rechtsnachfolger.

(4) Die mit dem Vollzug dieses Gesetzes beauftragten Personen sind berechtigt, in Ausübung ihres Amts Grundstücke und bauliche Anlagen einschließlich der Wohnungen zu betreten. Das Grundrecht der Unverletzlichkeit der Wohnung wird insoweit eingeschränkt (Artikel 13 des Grundgesetzes, Artikel 8 der Verfassung des Freistaats Thüringen).

Zweiter Abschnitt
Genehmigungspflicht, Genehmigungsfreiheit

§ 59
Grundsatz

(1) Die Errichtung, Änderung und Nutzungsänderung von Anlagen bedürfen der Baugenehmigung, soweit in den §§ 60, 61, 75 und 76 nichts anderes bestimmt ist.

(2) Die Genehmigungsfreiheit nach den §§ 60, 61, 75 und 76 sowie die Beschränkung der bauaufsichtlichen Prüfung nach den §§ 62, 63, 65 Abs. 4 und § 76 entbinden nicht von der Verpflichtung zur Einhaltung der Anforderungen, die durch öffentlich-rechtliche Vorschriften, insbesondere des Bauplanungsrechts, an Anlagen gestellt werden sowie von der Pflicht, nach anderen Vorschriften erforderliche behördliche Entscheidungen wie Genehmigungen, Erlaubnisse und Bewilligungen einzuholen, und lassen die bauaufsichtlichen Eingriffsbefugnisse unberührt. Die Verpflichtungen der Bauherren, der mit der Baubetreuung Beauftragten, der Bauaufsichtsbehörden, der Gemeinden und der Gemeindeverbände sowie der Eigentümer nach § 6 Abs. 2 Satz 1 und § 7 Satz 1 des Hochbaustatistikgesetzes vom 5. Mai 1998 (BGBl. I S. 869) in der jeweils geltenden Fassung bleiben unberührt.

§ 60
Verfahrensfreie Bauvorhaben, Beseitigung von Anlagen

(1) Verfahrensfrei sind

1.

    folgende Gebäude

    a)

        eingeschossige Gebäude mit einer Brutto-Grundfläche bis zu 10 m², außer im Außenbereich,

b)

Garagen einschließlich überdachter Stellplätze mit einer mittleren Wandhöhe im Sinne des § 6 Abs. 8 Satz 1 Nr. 1 bis zu 3 m und mit einer Brutto-Grundfläche bis zu 40 m^2, außer im Außenbereich,

c)

Gebäude ohne Feuerungsanlagen mit einer traufseitigen Wandhöhe bis zu 5 m, die einem land- oder forstwirtschaftlichen Betrieb oder einem Betrieb der gartenbaulichen Erzeugung im Sinne des § 35 Abs. 1 Nr. 1 und 2 BauGB in Verbindung mit § 201 BauGB dienen, höchstens 100 m^2 Brutto-Grundfläche haben und nur zur Unterbringung von Sachen oder zum vorübergehenden Schutz von Tieren bestimmt sind,

d)

Gewächshäuser mit einer Firsthöhe bis zu 5 m, die einem land- oder forstwirtschaftlichen Betrieb oder einem Betrieb der gartenbaulichen Erzeugung im Sinne des § 35 Abs. 1 Nr. 1 und 2 BauGB in Verbindung mit § 201 BauGB dienen und höchstens 100 m^2 Brutto-Grundfläche haben,

e)

Fahrgastunterstände, die dem öffentlichen Personenverkehr oder der Schülerbeförderung dienen,

f)

Schutzhütten für Wanderer, die jedermann zugänglich sind und keine Aufenthaltsräume haben,

g)

Terrassenüberdachungen mit einer Fläche bis zu 30 m^2 und einer Tiefe bis zu 4 m, außer im Außenbereich,

h)

vor der Außenwand eines Gebäudes aus lichtdurchlässigen Baustoffen errichtete unbeheizte Wintergärten mit nicht mehr als 20 m^2 Grundfläche und 75 m^3 umbautem Raum,

i)

Gartenlauben in Kleingartenanlagen im Sinne des § 1 Abs. 1 des Bundeskleingartengesetzes,

j)

Wochenendhäuser mit einer Brutto-Grundfläche bis zu 40 m² und einer Firsthöhe bis zu 4 m in genehmigten Wochenendhausgebieten;

2.

Anlagen der technischen Gebäudeausrüstung, ausgenommen freistehende Abgasanlagen mit einer Höhe von mehr als 10 m;

3.

folgende Anlagen zur Nutzung erneuerbarer Energien:

a)

Solaranlagen in, an und auf Dach- und Außenwandflächen, ausgenommen bei Hochhäusern, sowie die damit verbundene Änderung der Nutzung oder der äußeren Gestalt des Gebäudes,

b)

gebäudeunabhängige Solaranlagen mit einer Höhe bis zu 3 m und einer Gesamtlänge bis zu 9 m,

c)

Windenergieanlagen bis zu 10 m Höhe, gemessen von der Geländeoberfläche bis zum höchsten Punkt der vom Rotor bestrichenen Fläche und einem Rotordurchmesser bis zu 3 m, außer in reinen Wohngebieten und im Außenbereich, soweit es sich um geschützte Teile von Natur und Landschaft im Sinne des § 20 Abs. 2 des Bundesnaturschutzgesetzes oder des § 26 a Abs. 2 des Thüringer Gesetzes für Natur und Landschaft handelt;

4.

folgende Anlagen der Ver- und Entsorgung:

a)

Brunnen,

b)

Anlagen, die der Telekommunikation, der öffentlichen Versorgung mit Elektrizität, Gas, Öl, Wasser oder Wärme oder der Abwasserbeseitigung dienen, mit einer Höhe bis zu 5 m und einer Brutto-Grund-fläche bis zu 20 m^2;

5.

folgende Masten, Antennen und ähnliche Anlagen:

a)

unbeschadet der Nummer 4 Buchst. b Antennen einschließlich der Masten mit einer Höhe bis zu 10 m und zugehöriger Versorgungseinheiten mit einem Brutto-Rauminhalt bis zu 10 m^3 sowie, soweit sie in, an oder auf einer bestehenden baulichen Anlage errichtet werden, die damit verbundene Änderung der Nutzung oder der äußeren Gestalt der Anlage,

b)

Masten und Unterstützungen für Fernsprechleitungen, für Leitungen zur Versorgung mit Elektrizität, für Seilbahnen und für Leitungen sonstiger Verkehrsmittel, für Sirenen und für Fahnen,

c)

Masten, die aus Gründen des Brauchtums errichtet werden,

d)

Signalhochbauten für die Landesvermessung,

e)

Flutlichtmasten mit einer Höhe bis zu 10 m;

6.

folgende Behälter:

a)

ortsfeste Behälter für Flüssiggas mit einem Fassungsvermögen von weniger als 3 t, für nicht verflüssigte Gase mit einem Brutto-Rauminhalt bis zu 6 m^3 ,

b)

ortsfeste Behälter für brennbare oder wassergefährdende Flüssigkeiten mit einem Brutto-Rauminhalt bis zu 10 m^3 ,

c)

ortsfeste Behälter sonstiger Art mit einem Brutto-Rauminhalt bis zu 50 m^3 und einer Höhe bis zu 3 m,

d)

Gärfutterbehälter mit einer Höhe bis zu 6 m und Schnitzelgruben,

e)

Fahrsilos und ähnliche Anlagen,

f)

Wasserbecken mit einem Beckeninhalt bis zu 100 m^3;

7.

folgende Mauern und Einfriedungen:

a)

Mauern einschließlich Stützmauern und Einfriedungen mit einer Höhe bis zu 2 m, außer im Außenbereich,

b)

offene, sockellose Einfriedungen für Grundstücke, die einem land- oder forstwirtschaftlichen Betrieb oder einem Betrieb der gartenbaulichen Erzeugung im Sinne des § 35 Abs. 1 Nr. 1 und 2 BauGB in Verbindung mit § 201 BauGB dienen;

8.

private Verkehrsanlagen einschließlich Brücken und Durchlässen mit einer lichten Weite bis zu 5 m und Untertunnelungen mit einem Durchmesser bis zu 3 m;

9.

Aufschüttungen und Abgrabungen mit einer Höhe oder Tiefe bis zu 2 m und einer Grundfläche bis zu 30 m^2, im Außenbereich bis zu 300 m^2;

10.

folgende Anlagen in Gärten und zur Freizeitgestaltung:

a)

Schwimmbecken mit einem Beckeninhalt bis zu 100 m^3 einschließlich dazugehöriger luftgetragener Überdachungen, außer im Außenbereich,

b)

Sprungschanzen, Sprungtürme und Rutschbahnen mit einer Höhe bis zu 10 m,

c)

Anlagen, die der zweckentsprechenden Einrichtung von Spiel-, Abenteuerspiel-, Bolz- und Sportplätzen, Reit- und Wanderwegen, Trimm- und Lehrpfaden dienen, ausgenommen Gebäude und Tribünen,

d)

Wohnwagen, Zelte und bauliche Anlagen, die keine Gebäude sind, auf Camping-, Zelt- und Wochenendplätzen,

e)

Anlagen, die der Gartennutzung, der Gartengestaltung oder der zweckentsprechenden Einrichtung von Gärten dienen, ausgenommen Gebäude und Einfriedungen;

11.

folgende tragende und nichttragende Bauteile:

a)

nichttragende und nichtaussteifende Bauteile in baulichen Anlagen,

b)

die Änderung tragender oder aussteifender Bauteile innerhalb von Wohngebäuden der Gebäudeklassen 1 und 2,

c)

für einzelne neue Räume in überwiegend zu Wohnzwecken genutzten Gebäuden sowie die damit verbundene Nutzungsänderung,

d)

Fenster und Türen sowie die dafür bestimmten Öffnungen,

e)

Außenwandverkleidungen einschließlich Maßnahmen der Wärmedämmung, ausgenommen bei Hochhäusern, Verblendungen und Verputz baulicher Anlagen,

f)

Bedachung einschließlich Maßnahmen der Wärmedämmung, ausgenommen bei Hochhäusern;

12.

folgende Werbeanlagen sowie, soweit sie in, auf oder an einer bestehenden baulichen Anlage errichtet werden, die damit verbundene Änderung der Nutzung oder der äußeren Gestalt der Anlage:

a)

Werbeanlagen mit einer Ansichtsfläche bis zu 1 m^2, außer im Außenbereich,

b)

Warenautomaten,

c)

Werbeanlagen, die nach ihrem erkennbaren Zweck nur vorübergehend für höchstens zwei Monate angebracht werden, außer im Außenbereich,

d)

Schilder, die Inhaber und Art gewerblicher Betriebe kennzeichnen (Hinweisschilder), wenn sie vor Ortsdurchfahrten auf einer einzigen Tafel zusammengefasst sind,

e)

Werbeanlagen in durch Bebauungsplan festgesetzten Gewerbe-,

Industrie- und vergleichbaren Sondergebieten mit einer Höhe bis zu 10 m;

13.

folgende vorübergehend aufgestellte oder benutzbare bauliche Anlagen:

a)

Baustelleneinrichtungen einschließlich Lagerhallen, Schutzhallen und Unterkünften,

b)

Gerüste,

c)

Toilettenwagen,

d)

Behelfsbauten, die der Landesverteidigung, dem Katastrophenschutz oder der Unfallhilfe dienen,

e)

bauliche Anlagen, die für höchstens drei Monate auf genehmigtem Messe- und Ausstellungsgelände errichtet werden, ausgenommen Fliegende Bauten,

f)

Verkaufsstände und andere bauliche Anlagen auf Straßenfesten, Volksfesten und Märkten, ausgenommen Fliegende Bauten;

14.

folgende Plätze:

a)

unbefestigte Lager- und Abstellplätze, die einem land- oder forstwirtschaftlichen Betrieb oder einem Betrieb der gartenbaulichen Erzeugung im Sinne des § 35 Abs. 1 Nr. 1 und 2 BauGB in Verbindung mit § 201 BauGB dienen,

b)

andere Lager- und Abstellplätze mit einer Fläche bis zu 100 m^2, außer im Außenbereich,

c)

nicht überdachte Stellplätze mit einer Fläche bis zu insgesamt 100 m^2 je Grundstück und deren Zufahrten,

d)

Kinderspielplätze;

15.

folgende sonstige bauliche Anlagen:

a)

nicht überdachte Fahrradabstellanlagen mit einer Fläche bis zu insgesamt 100 m^2 je Grundstück, überdachte Fahrradabstellanlagen mit einer Fläche bis zu insgesamt 40 m^2 je Grundstück sowie deren Zufahrten,

b)

Zapfsäulen und Tankautomaten genehmigter Tankstellen,

c)

Regale mit einer Höhe bis zu 7,50 m Oberkante Lagergut,

d)

Grabdenkmale auf Friedhöfen, Feldkreuze, Denkmäler, Skulpturen und sonstige Kunstwerke jeweils mit einer Höhe bis zu 4 m,

e)

andere unbedeutende Anlagen oder unbedeutende Teile von Anlagen wie Hauseingangsüberdachungen, Markisen, Rollläden, Terrassen, Maschinenfundamente, Straßenfahrzeugwaagen, Pergolen, Jägerstände, Wildfütterungen, Bienenfreistände, Taubenhäuser, Hofeinfahrten und Teppichstangen.

(2) Verfahrensfrei ist die Änderung der Nutzung von Anlagen, wenn

1.

für die neue Nutzung keine anderen öffentlich-rechtlichen Anforderungen nach § 63 in Verbindung mit § 65 als für die bisherige Nutzung in Betracht kommen oder

2.

die Errichtung oder Änderung der Anlagen nach Absatz 1 verfahrensfrei wäre.

(3) Verfahrensfrei ist die Beseitigung von

1.

Anlagen nach Absatz 1,

2.

freistehenden Gebäuden der Gebäudeklassen 1 und 3,

3.

sonstigen Anlagen, die keine Gebäude sind, mit einer Höhe bis zu 10 m.

Im Übrigen ist die beabsichtigte Beseitigung von Anlagen mindestens einen Monat zuvor der Bauaufsichtsbehörde anzuzeigen. Bei nicht freistehenden Gebäuden muss die Standsicherheit des Gebäudes oder der Gebäude, an die das zu beseitigende Gebäude angebaut ist, durch einen qualifizierten Tragwerksplaner im Sinne des § 65 Abs. 2 beurteilt und im erforderlichen Umfang nachgewiesen werden; die Beseitigung ist, soweit notwendig, durch den qualifizierten Tragwerksplaner zu überwachen. Satz 3 gilt nicht, soweit an verfahrensfreie Gebäude angebaut ist. § 71 Abs. 6 Nr. 3 und Abs. 8 gilt entsprechend.

(4) Verfahrensfrei sind Instandhaltungsarbeiten.

§ 61
Genehmigungsfreistellung

(1) Keiner Genehmigung bedarf unter den Voraussetzungen des Absatzes 2 die Errichtung, Änderung und Nutzungsänderung von

1.

Wohngebäuden der Gebäudeklassen 1 bis 3,

2.

sonstigen Gebäuden der Gebäudeklassen 1 und 2,

3.

sonstigen Anlagen, die keine Gebäude sind,

4.

Nebengebäuden und Nebenanlagen zu Vorhaben nach den Nummern 1 bis 3,

ausgenommen Sonderbauten und Anlagen, die einer Pflicht zur Durchführung einer Umweltverträglichkeitsprüfung oder einer Vorprüfung nach dem Gesetz über die Umweltverträglichkeitsprüfung oder dem Thüringer Gesetz über die Umweltverträglichkeitsprüfung unterliegen.

(2) Nach Absatz 1 ist ein Bauvorhaben genehmigungsfrei gestellt, wenn

1.

es im Geltungsbereich eines Bebauungsplans im Sinne des § 30 Abs. 1 oder der §§ 12, 30 Abs. 2 BauGB liegt,

2.

es den Festsetzungen des Bebauungsplans nicht widerspricht,

3.

die Erschließung im Sinne des Baugesetzbuchs gesichert ist und

4.

die Gemeinde nicht innerhalb der Frist nach Absatz 3 Satz 2 erklärt, dass das vereinfachte Genehmigungsverfahren durchgeführt werden soll, oder eine vorläufige Untersagung nach § 15 Abs. 1 Satz 2 BauGB beantragt.

(3) Der Bauherr hat die erforderlichen Unterlagen bei der Gemeinde einzureichen; die Gemeinde legt, soweit sie nicht selbst Bauaufsichtsbehörde ist, eine Fertigung der Unterlagen unverzüglich der unteren Bauaufsichtsbehörde vor. Mit dem Vorhaben darf einen Monat nach Vorlage der erforderlichen Unterlagen bei der Gemeinde begonnen werden. Teilt die Gemeinde dem Bauherrn vor Ablauf der Frist schriftlich mit, dass kein Genehmigungsverfahren durchgeführt werden soll und sie eine Untersagung nach § 15 Abs. 1 Satz 2 BauGB nicht beantragen wird, darf der Bauherr mit der Ausführung des Vorhabens beginnen. Von der Mitteilung nach Satz 3 hat die Gemeinde die Bauaufsichtsbehörde zu unterrichten. Will der Bauherr mit der Ausführung des Bauvorhabens mehr als drei Jahre, nachdem die Bauausführung nach Sätzen 2 und 3 zulässig geworden ist, beginnen, gelten die Sätze 1 bis 4 entsprechend.

(4) Die Erklärung der Gemeinde nach Absatz 2 Nr. 4, dass das vereinfachte Genehmigungsverfahren durchgeführt werden soll, kann insbesondere deshalb erfolgen, weil sie eine Überprüfung der sonstigen Voraussetzungen des

Absatzes 2 oder des Bauvorhabens aus anderen Gründen für erforderlich hält. Darauf, dass die Gemeinde von ihrer Erklärungsmöglichkeit keinen Gebrauch macht, besteht kein Rechtsanspruch. Erklärt die Gemeinde, dass das vereinfachte Baugenehmigungsverfahren durchgeführt werden soll, hat sie dem Bauherrn die vorgelegten Unterlagen zurückzureichen. Hat der Bauherr bei der Vorlage der Unterlagen bestimmt, dass seine Vorlage im Fall der Erklärung nach Absatz 2 Nr. 4 als Bauantrag zu behandeln ist, leitet sie die Unterlagen gleichzeitig mit der Erklärung an die Bauaufsichtsbehörde weiter.

(5) § 65 bleibt unberührt. § 67 Abs. 2 Satz 1 und Abs. 4 Satz 1 und 2 sowie § 71 Abs. 6 bis 8 sind entsprechend anzuwenden.

Dritter Abschnitt
Genehmigungsverfahren

§ 62
Vereinfachtes Baugenehmigungsverfahren

(1) Das vereinfachte Baugenehmigungsverfahren wird durchgeführt bei

1.

Wohngebäuden der Gebäudeklassen 1 bis 3,

2.

sonstigen Gebäuden der Gebäudeklassen 1 und 2,

3.

sonstigen Anlagen, die keine Gebäude sind,

4.

Nebengebäuden und Nebenanlagen zu Vorhaben nach den Nummern 1 bis 3,

ausgenommen Sonderbauten und Anlagen, die einer Pflicht zur Durchführung einer Umweltverträglichkeitsprüfung oder einer Vorprüfung nach dem Gesetz über die Umweltverträglichkeitsprüfung oder dem Thüringer Gesetz über die Umweltverträglichkeitsprüfung unterliegen. Im vereinfachten Baugenehmigungsverfahren prüft die Bauaufsichtsbehörde

1.

die Übereinstimmung mit den Bestimmungen über die Zulässigkeit der baulichen Anlagen nach den §§ 29 bis 38 BauGB,

2.

beantragte Abweichungen im Sinne des § 66 Abs. 1 und 2 Satz 2 sowie

3.

andere öffentlich-rechtliche Anforderungen, soweit wegen der Baugenehmigung eine Entscheidung nach anderen öffentlich-rechtlichen Vorschriften entfällt oder ersetzt wird.

§ 65 bleibt unberührt.

(2) Über den Bauantrag ist innerhalb von drei Monaten nach Vorlage der vollständigen Antragsunterlagen zu entscheiden; die Bauaufsichtsbehörde kann diese Frist gegenüber dem Antragsteller aus wichtigem Grund um bis zu zwei Monate verlängern. Der Antrag gilt als genehmigt, wenn über ihn nicht innerhalb der nach Satz 1 maßgeblichen Frist entschieden worden ist.

§ 63
Baugenehmigungsverfahren

Bei genehmigungsbedürftigen baulichen Anlagen, die nicht unter § 62 fallen, prüft die Bauaufsichtsbehörde

1.

die Übereinstimmung mit den Bestimmungen über die Zulässigkeit der baulichen Anlagen nach den §§ 29 bis 38 BauGB,

2.

Anforderungen nach den Bestimmungen dieses Gesetzes und aufgrund dieses Gesetzes sowie

3.

andere öffentlich-rechtliche Anforderungen, soweit wegen der Baugenehmigung eine Entscheidung nach anderen öffentlich-rechtlichen Vorschriften entfällt oder ersetzt wird.

§ 65 bleibt unberührt.

§ 64
Bauvorlageberechtigung

(1) Bauvorlagen für die nicht verfahrensfreie Errichtung und Änderung von Gebäuden müssen von einem Entwurfsverfasser unterschrieben sein, der bauvorlageberechtigt ist. Dies gilt nicht für

1.

Bauvorlagen, die üblicherweise von Fachkräften mit anderer Ausbildung als nach Absatz 2 verfasst werden, und

2.

geringfügige oder technisch einfache Bauvorhaben.

(2) Bauvorlageberechtigt ist, wer

1.

die Berufsbezeichnung „Architekt" führen darf,

2.

in die von der Ingenieurkammer Thüringen geführte Liste der Bauvorlageberechtigten eingetragen ist; Eintragungen anderer Länder gelten auch in Thüringen,

3.

die Berufsbezeichnung „Innenarchitekt" führen darf, für die mit der Berufsaufgabe des Innenarchitekten verbundenen baulichen Änderungen von Gebäuden, oder

4.

einen berufsqualifizierenden Hochschulabschluss eines Studiums der Fachrichtung Architektur, Hochbau oder Bauingenieurwesen nachweist, danach mindestens zwei Jahre auf dem Gebiet der Entwurfsplanung von Gebäuden praktisch tätig gewesen und Bediensteter einer juristischen Person des öffentlichen Rechts ist, für die dienstliche Tätigkeit.

(3) In die Liste der Bauvorlageberechtigten ist auf Antrag von der Ingenieurkammer Thüringen einzutragen, wer

1.

einen berufsqualifizierenden Hochschulabschluss eines Studiums der Fachrichtung Hochbau (Artikel 49 Abs. 1 der Richtlinie 2005/36/EG des Europäischen Parlaments und des Rates vom 7. September 2005 über die Anerkennung von Berufsqualifikationen - ABl. L 255 vom 30. September 2005, S. 22; 2007 L 271 S. 18; 2008 L 93 S. 28; 2009 L 33 S. 49 - in der jeweils geltenden Fassung) oder des Bauingenieurwesens nachweist und

2.

danach mindestens zwei Jahre auf dem Gebiet der Entwurfsplanung von Gebäuden praktisch tätig gewesen ist.

Dem Antrag sind die zur Beurteilung erforderlichen Unterlagen beizufügen. Die Ingenieurkammer Thüringen bestätigt unverzüglich den Eingang der Unterlagen und teilt gegebenenfalls mit, welche Unterlagen fehlen. Die Eingangsbestätigung muss folgende Angaben enthalten:

1.

Beginn, Ende und Verlängerungsmöglichkeit der Frist nach Satz 5,

2.

die verfügbaren Rechtsbehelfe,

3.

die Erklärung, dass der Antrag als genehmigt gilt, wenn über ihn nicht rechtzeitig entschieden wird und

4.

im Fall der Nachforderung von Unterlagen die Mitteilung, dass die Frist nach Satz 5 erst beginnt, wenn die Unterlagen vollständig sind.

Über den Antrag ist innerhalb von drei Monaten nach Vorlage der vollständigen Unterlagen zu entscheiden; die Ingenieurkammer Thüringen kann die Frist gegenüber dem Antragsteller einmal um bis zu zwei Monate verlängern. Die Fristverlängerung und deren Umfang sind ausreichend zu begründen und dem Antragsteller vor Ablauf der ursprünglichen Frist mitzuteilen. Der Antrag gilt als genehmigt, wenn über ihn nicht innerhalb der nach Satz 5 maßgeblichen Frist entschieden worden ist.

(4) Personen, die in einem anderen Mitgliedstaat der Europäischen Union oder einem nach dem Recht der Europäischen Gemeinschaften oder der Europäischen Union gleichgestellten Staat als Bauvorlageberechtigte niedergelassen sind, sind ohne Eintragung in die Liste nach Absatz 2 Nr. 2 bauvorlageberechtigt, wenn sie

1.

eine vergleichbare Berechtigung besitzen und

2.

dafür vergleichbare Anforderungen, wie in Absatz 3 Satz 1 dargestellt, erfüllen mussten.

Sie haben das erstmalige Tätigwerden als Bauvorlageberechtigter vorher der Ingenieurkammer Thüringen anzuzeigen und dabei

1.

eine Bescheinigung darüber, dass sie in einem Mitgliedstaat der Europäischen Union oder einem nach dem Recht der Europäischen Gemeinschaften oder der Europäischen Union gleichgestellten Staat rechtmäßig als Bauvorlageberechtigte niedergelassen sind und ihnen die

Ausübung dieser Tätigkeiten zum Zeitpunkt der Vorlage der Bescheinigung nicht, auch nicht vorübergehend, untersagt ist, und

2.

einen Nachweis darüber, dass sie im Staat ihrer Niederlassung für die Tätigkeit als Bauvorlageberechtigte mindestens die Voraussetzungen des Absatzes 3 Satz 1 erfüllen mussten,

vorzulegen; sie sind in einem Verzeichnis zu führen. Die Ingenieurkammer Thüringen hat auf Antrag zu bestätigen, dass die Anzeige nach Satz 2 erfolgt ist; sie kann das Tätigwerden als Bauvorlageberechtigter untersagen und die Eintragung in dem Verzeichnis nach Satz 2 löschen, wenn die Voraussetzungen des Satzes 1 nicht erfüllt sind.

(5) Personen, die in einem anderen Mitgliedstaat der Europäischen Union oder einem nach dem Recht der Europäischen Gemeinschaften oder der Europäischen Union gleichgestellten Staat als Bauvorlageberechtigte niedergelassen sind, ohne im Sinne des Absatzes 4 Satz 1 Nr. 2 vergleichbar zu sein, sind bauvorlageberechtigt, wenn ihnen die Ingenieurkammer Thüringen bescheinigt hat, dass sie die Anforderungen des Absatzes 3 Satz 1 erfüllen; sie sind in einem Verzeichnis zu führen. Die Bescheinigung wird auf Antrag erteilt. Absatz 3 Satz 2 bis 7 ist entsprechend anzuwenden.

(6) Anzeigen und Bescheinigungen nach den Absätzen 4 und 5 sind nicht erforderlich, wenn bereits in einem anderen Land eine Anzeige erfolgt ist oder eine Bescheinigung erteilt wurde; eine Eintragung in die von der Ingenieurkammer Thüringen geführten Verzeichnisse erfolgt nicht. Verfahren nach den Absätzen 3 bis 5 können über eine einheitliche Stelle im Sinne des Thüringer ES-Errichtungsgesetzes abgewickelt werden. Es gelten ergänzend die Bestimmungen zum Verfahren über die einheitliche Stelle nach den §§ 71 a bis 71 e ThürVwVfG.

§ 65
Bautechnische Nachweise

(1) Die Einhaltung der Anforderungen an die Standsicherheit, den Brand-, Schall- und Erschütterungsschutz ist nach Maßgabe der Rechtsverordnung aufgrund des § 87 Abs. 3 nachzuweisen (bautechnische Nachweise); dies gilt nicht für verfahrensfreie Bauvorhaben einschließlich der Beseitigung von Anlagen, soweit nicht in diesem Gesetz oder in der Rechtsverordnung aufgrund des § 87 Abs. 3 etwas anderes bestimmt ist. Die Bauvorlageberechtigung nach § 64 Abs. 2 Nr. 1, 2 und 4 schließt die Berechtigung zur Erstellung der bautechnischen Nachweise ein, soweit nicht nachfolgend Abweichendes bestimmt ist.

(2) Bei Gebäuden der Gebäudeklassen 1 bis 3 sowie sonstigen baulichen Anlagen, die keine Gebäude sind, muss der Standsicherheitsnachweis von

1.

einer Person mit einem berufsqualifizierenden Hochschulabschluss eines Studiums der Fachrichtung Architektur, Hochbau oder des Bauingenieurwesens mit einer mindestens dreijährigen Berufserfahrung in der Tragwerksplanung, der unter Beachtung des § 64 Abs. 3 Satz 2 bis 7 in der Liste nach Absatz 5 eingetragen ist oder

2.

einem Prüfingenieur für Standsicherheit

erstellt sein; dem Halbsatz 1 Nr. 1 entsprechende Eintragungen anderer Länder gelten auch in Thüringen. Auch bei anderen Bauvorhaben darf der Standsicherheitsnachweis von einem Tragwerksplaner nach Satz 1 erstellt werden. Bei Bauvorhaben der Gebäudeklasse 4, ausgenommen Sonderbauten sowie Mittel- und Großgaragen im Sinne der Rechtsverordnung aufgrund des § 87 Abs. 1 Nr. 3, muss der Brandschutznachweis erstellt sein von

1.

einem für das Bauvorhaben Bauvorlageberechtigten, der die erforderlichen Kenntnisse des Brandschutzes nachgewiesen hat,

2.

einem

a)

Angehörigen der Fachrichtung Architektur, Hochbau, des Bauingenieurwesens oder eines Studiengangs mit Schwerpunkt Brandschutz, der ein Studium an einer deutschen Hochschule, ein gleichwertiges Studium an einer ausländischen Hochschule abgeschlossen hat, oder

b)

Absolventen, der die Ausbildung für mindestens den gehobenen feuerwehrtechnischen Dienst abgeschlossen hat,

und nach Abschluss der Ausbildung mindestens zwei Jahre auf dem Gebiet der brandschutztechnischen Planung und Ausführung von Gebäuden oder deren Prüfung praktisch tätig gewesen ist und die erforderlichen Kenntnisse des Brandschutzes nachgewiesen hat, oder

3.

einem Prüfingenieur für Brandschutz.

Die in Satz 3 Nr. 1 und 2 genannten Personen müssen unter Beachtung des §

64 Abs. 3 Satz 2 bis 7 in der Liste nach Absatz 5 eingetragen sein, entsprechende Eintragungen anderer Länder gelten auch in Thüringen. Auch bei anderen Bauvorhaben darf der Brandschutznachweis von einem Brandschutzplaner nach Satz 3 erstellt werden. Für Personen, die in einem anderen Mitgliedstaat der Europäischen Union oder einem nach dem Recht der Europäischen Gemeinschaften oder der Europäischen Union gleichgestellten Staat zur Erstellung von Standsicherheits- oder Brandschutznachweisen niedergelassen sind, gilt § 64 Abs. 4 bis 6 mit der Maßgabe entsprechend, dass die Anzeige oder der Antrag auf Erteilung einer Bescheinigung bei der für die Führung der Liste nach Absatz 5 zuständigen Stelle einzureichen ist. Bei Bediensteten einer juristischen Person des öffentlichen Rechts ist für die dienstliche Tätigkeit eine Eintragung in die Liste abweichend von den Sätzen 1 und 4 nicht erforderlich, wenn ihnen die obere Bauaufsichtsbehörde bestätigt hat, dass sie im Übrigen die Voraussetzungen nach diesem Absatz erfüllen.

(3) Es muss

1.

    bei Gebäuden der Gebäudeklassen 4 und 5,

2.

    bei unterirdischen Mittelgaragen und Großgaragen im Sinne der Rechtsverordnung aufgrund des § 87 Abs. 1 Nr. 3 oder

3.

    wenn dies nach Maßgabe eines in der Rechtsverordnung aufgrund des § 87 Abs. 3 geregelten Kriterienkatalogs erforderlich ist, bei

    a)

    Gebäuden der Gebäudeklassen 1 bis 3,

    b)

    Behältern, Brücken, Stützmauern, Tribünen,

    c)

    sonstigen baulichen Anlagen, die keine Gebäude sind, mit einer Höhe von mehr als 10 m

der Standsicherheitsnachweis bauaufsichtlich geprüft sein; dies gilt nicht für Wohngebäude der Gebäudeklassen 1 und 2. Bei

1.

    Sonderbauten,

2.

Mittel- und Großgaragen im Sinne der Rechtsverordnung nach § 87 Abs. 1 Nr. 3 oder

3.

Gebäuden der Gebäudeklasse 5

muss der Brandschutznachweis bauaufsichtlich geprüft sein. Soweit abweichend von Absatz 2 Satz 1 bis 4 der Ersteller eines Standsicherheits- oder Brandschutznachweises nicht in die Liste nach Absatz 5 eingetragen ist, ist die bauaufsichtliche Prüfung des Standsicherheits- oder Brandschutznachweises erforderlich.

(4) Außer in den Fällen des Absatzes 3 werden bautechnische Nachweise nicht geprüft; § 66 bleibt unberührt. Einer bauaufsichtlichen Prüfung bedarf es ferner nicht, soweit für das Bauvorhaben Standsicherheitsnachweise vorliegen, die von einem Prüfamt für Standsicherheit allgemein geprüft sind (Typenprüfung); Typenprüfungen anderer Länder gelten auch in Thüringen.

(5) Die in Absatz 2 genannten Listen werden von der Architektenkammer Thüringen und der Ingenieurkammer Thüringen gemeinsam geführt. Die §§ 10 und 11 des Thüringer Architekten- und Ingenieurkammergesetzes gelten entsprechend.

§ 66
Abweichungen

(1) Die Bauaufsichtsbehörde kann Abweichungen von Anforderungen dieses Gesetzes und aufgrund dieses Gesetzes erlassener Vorschriften zulassen, wenn sie unter Berücksichtigung des Zwecks der jeweiligen Anforderung und unter Würdigung der öffentlich-rechtlich geschützten nachbarlichen Belange mit den öffentlichen Belangen, insbesondere den Anforderungen des § 3 Abs. 1, vereinbar sind. § 3 Abs. 3 Satz 3 bleibt unberührt. Der gesonderten Zulassung einer Abweichung bedarf es nicht, soweit bautechnische Nachweise bauaufsichtlich geprüft werden.

(2) Die Zulassung von Abweichungen nach Absatz 1, von Ausnahmen und Befreiungen von den Festsetzungen eines Bebauungsplans oder einer sonstigen städtebaulichen Satzung oder von Regelungen der Baunutzungsverordnung (BauNVO) in der Fassung vom 23. Januar 1990 (BGBl. I S. 132) in der jeweils geltenden Fassung ist gesondert schriftlich zu beantragen; der Antrag ist zu begründen. Für Anlagen, die keiner Genehmigung bedürfen, sowie für Abweichungen von Vorschriften, die im Genehmigungsverfahren nicht geprüft werden, gilt Satz 1 entsprechend.

(3) Über Abweichungen nach Absatz 1 Satz 1 von örtlichen Bauvorschriften sowie über Ausnahmen und Befreiungen nach Absatz 2 Satz 1 entscheidet bei verfahrensfreien Bauvorhaben die Gemeinde nach Maßgabe der Absätze 1 und 2. Im Übrigen lässt die Bauaufsichtsbehörde Abweichungen von örtlichen

Bauvorschriften im Einvernehmen mit der Gemeinde zu; § 36 Abs. 2 Satz 2 BauGB gilt entsprechend.

<h2 style="text-align:center">§ 67</h2>
Bauantrag und Bauvorlagen

(1) Der Bauantrag ist schriftlich bei der unteren Bauaufsichtsbehörde einzureichen.

(2) Mit dem Bauantrag sind alle für die Beurteilung des Bauvorhabens und die Bearbeitung des Bauantrags erforderlichen Unterlagen (Bauvorlagen) einzureichen. Es kann gestattet werden, dass einzelne Bauvorlagen nachgereicht werden.

(3) In besonderen Fällen kann zur Beurteilung der Einwirkung des Bauvorhabens auf die Umgebung verlangt werden, dass es in geeigneter Weise auf dem Grundstück dargestellt wird.

(4) Der Bauherr und der Entwurfsverfasser haben den Bauantrag, der Entwurfsverfasser die Bauvorlagen zu unterschreiben. Die von den Fachplanern nach § 54 Abs. 2 bearbeiteten Unterlagen müssen auch von diesen unterschrieben sein. Ist der Bauherr nicht Grundstückseigentümer, kann die Zustimmung des Grundstückseigentümers zu dem Bauvorhaben gefordert werden.

<h2 style="text-align:center">§ 68</h2>
Behandlung des Bauantrags

(1) Die Bauaufsichtsbehörde hört zum Bauantrag die Gemeinde und diejenigen Stellen,

1.

deren Beteiligung oder Anhörung für die Entscheidung über den Bauantrag durch Rechtsvorschrift vorgeschrieben ist, oder

2.

ohne deren Stellungnahme die Genehmigungsfähigkeit des Bauantrags nicht beurteilt werden kann.

Die Beteiligung oder Anhörung entfällt, wenn die Gemeinde oder die jeweilige Stelle dem Bauantrag bereits vor Einleitung des Baugenehmigungsverfahrens zugestimmt oder auf eine Beteiligung verzichtet hat. Bedarf die Erteilung der Baugenehmigung der Zustimmung oder des Einvernehmens einer anderen Körperschaft, Behörde oder sonstigen Stelle, so gilt diese als erteilt, wenn sie nicht zwei Monate nach Eingang des Ersuchens verweigert wird; von der Frist nach Halbsatz 1 abweichende Regelungen durch Rechtsvorschrift bleiben unberührt. Stellungnahmen bleiben unberücksichtigt, wenn sie nicht innerhalb eines Monats nach Aufforderung zur Stellungnahme bei der Bauaufsichtsbehörde eingehen, es sei denn, die verspätete Stellungnahme ist für die Rechtmäßigkeit der Entscheidung über den Bauantrag von Bedeutung.

(2) Die Bauaufsichtsbehörde kontrolliert den Bauantrag innerhalb von zwei Wochen auf Vollständigkeit und teilt dem Bauherrn den Eingang des Antrags mit. Ist der Bauantrag unvollständig oder weist er sonstige erhebliche Mängel auf, fordert die Bauaufsichtsbehörde den Bauherrn zur Behebung der Mängel innerhalb einer angemessenen Frist auf. Werden die Mängel innerhalb der Frist nicht behoben, gilt der Antrag als zurückgenommen.

§ 69
Beteiligung der Nachbarn

(1) Die Bauaufsichtsbehörde soll die Eigentümer benachbarter Grundstücke (Nachbarn) vor der Erteilung von Abweichungen und Befreiungen benachrichtigen, wenn zu erwarten ist, dass öffentlich-rechtlich geschützte nachbarliche Belange berührt werden. Einwendungen sind innerhalb von zwei Wochen nach Zugang der Benachrichtigung bei der Bauaufsichtsbehörde schriftlich oder zur Niederschrift vorzubringen.

(2) Die Benachrichtigung entfällt, wenn die zu benachrichtigenden Nachbarn die Lagepläne und Bauzeichnungen unterschrieben oder dem Bauvorhaben auf andere Weise zugestimmt haben.

(3) Haben die Nachbarn dem Bauvorhaben nicht zugestimmt, ist ihnen die Baugenehmigung mit dem Teil der Bauvorlagen, auf den sich die Einwendungen beziehen, zuzustellen. Bei mehr als 20 Nachbarn, denen die Baugenehmigung zuzustellen ist, kann die Zustellung nach Satz 1 durch öffentliche Bekanntmachung ersetzt werden; die Bekanntmachung hat den verfügenden Teil der Baugenehmigung, die Rechtsbehelfsbelehrung sowie einen Hinweis darauf zu enthalten, wo die Akten des Baugenehmigungsverfahrens eingesehen werden können. Sie ist im amtlichen Veröffentlichungsblatt der Bauaufsichtsbehörde bekannt zu machen. Die Zustellung gilt mit dem Tag der Bekanntmachung als bewirkt.

(4) Bei baulichen Anlagen, die aufgrund ihrer Beschaffenheit oder ihres Betriebs geeignet sind, die Allgemeinheit oder die Nachbarschaft zu gefährden, zu benachteiligen oder zu belästigen, kann die Bauaufsichtsbehörde auf Antrag des Bauherrn das Bauvorhaben in ihrem amtlichen Veröffentlichungsblatt und außerdem in örtlichen Tageszeitungen, die im Bereich des Standorts der Anlage verbreitet sind, öffentlich bekannt machen; verfährt die Bauaufsichtsbehörde nach Halbsatz 1, finden Absatz 1 und 2 keine Anwendung. Mit Ablauf einer Frist von einem Monat nach der Bekanntmachung des Bauvorhabens nach Satz 1 Halbsatz 1 sind alle öffentlich-rechtlichen Einwendungen gegen das Bauvorhaben ausgeschlossen. Die Zustellung der Baugenehmigung nach Absatz 3 Satz 1 kann durch öffentliche Bekanntmachung ersetzt werden; Absatz 3 Satz 4 sowie Satz 1 Halbsatz 1 gelten entsprechend. In der Bekanntmachung nach Satz 1 Halbsatz 1 ist darauf hinzuweisen,

1.

   wo und wann die Akten des Verfahrens eingesehen werden können,

2.

wo und wann Einwendungen gegen das Bauvorhaben vorgebracht werden können,

3.

welche Rechtsfolgen mit Ablauf der Frist des Satzes 2 eintreten und

4.

dass die Zustellung der Baugenehmigung durch öffentliche Bekanntmachung ersetzt werden kann.

(5) Ein Erbbauberechtigter tritt an die Stelle des Eigentümers. Ist Eigentümer des Nachbargrundstücks eine Eigentümergemeinschaft nach dem Wohnungseigentumsgesetz, so genügt die Beteiligung des Verwalters; seine Unterschrift gilt jedoch nicht als Zustimmung der einzelnen Wohnungseigentümer.

§ 70
Ersetzung des gemeindlichen Einvernehmens

(1) Hat eine Gemeinde ihr nach § 14 Abs. 2 Satz 2, § 22 Abs. 5 Satz 1, § 36 Abs. 1 Satz 1 und 2 BauGB oder nach § 66 Abs. 3 erforderliches Einvernehmen rechtswidrig versagt, soll das fehlende Einvernehmen nach Maßgabe der Absätze 2 bis 4 ersetzt werden. Wird in einem anderen Genehmigungsverfahren über die Zulässigkeit des Vorhabens entschieden, so tritt die für dieses Verfahren zuständige Behörde an die Stelle der Bauaufsichtsbehörde.

(2) § 120 der Thüringer Kommunalordnung findet keine Anwendung.

(3) Die Gemeinde ist vor Erlass der Genehmigung anzuhören. Dabei ist ihr Gelegenheit zu geben, binnen angemessener Frist erneut über das gemeindliche Einvernehmen zu entscheiden.

(4) Die Genehmigung gilt zugleich als Ersatzvornahme. Sie ist insoweit zu begründen. Widerspruch und Anfechtungsklage haben auch insoweit keine aufschiebende Wirkung, als die Genehmigung als Ersatzvornahme gilt.

§ 71
Baugenehmigung und Baubeginn

(1) Die Baugenehmigung ist zu erteilen, wenn dem Bauvorhaben keine öffentlich-rechtlichen Vorschriften entgegenstehen, die im bauaufsichtlichen Genehmigungsverfahren zu prüfen sind; die Bauaufsichtsbehörde darf den Bauantrag auch ablehnen, wenn das Bauvorhaben gegen sonstige öffentlich-rechtliche Vorschriften verstößt. Die durch eine Umweltverträglichkeitsprüfung ermittelten, beschriebenen und bewerteten Umweltauswirkungen sind nach Maßgabe der hierfür geltenden Vorschriften zu berücksichtigen.

(2) Die Baugenehmigung ist schriftlich zu erteilen, aber nicht in elektronischer Form; sie ist nur insoweit zu begründen, als Abweichungen, Ausnahmen oder

Befreiungen von nachbarschützenden Vorschriften zugelassen werden und der Nachbar nicht nach § 69 Abs. 2 zugestimmt hat.

(3) Die Baugenehmigung kann unter Auflagen, Bedingungen und dem Vorbehalt des Widerrufs oder der nachträglichen Aufnahme, Änderung oder Ergänzung einer Auflage sowie befristet erteilt werden. Nach Widerruf oder nach Ablauf der gesetzten Frist ist die bauliche Anlage ohne Entschädigung zu beseitigen; ein ordnungsgemäßer Zustand ist herzustellen. Um die Erfüllung von mit der Baugenehmigung verbundenen Verpflichtungen zu gewährleisten, kann eine Sicherheitsleistung bis zur Höhe der für die Erfüllung der Verpflichtung voraussichtlich anfallenden Kosten verlangt werden.

(4) Die Baugenehmigung wird unbeschadet der privaten Rechte Dritter erteilt.

(5) Die Gemeinde ist, wenn sie nicht Bauaufsichtsbehörde ist, von der Erteilung, Verlängerung, Ablehnung, Rücknahme oder dem Widerruf einer Baugenehmigung, Teilbaugenehmigung, eines Vorbescheids, einer Zustimmung, Ausnahme, Befreiung oder Abweichung zu unterrichten. Eine Ausfertigung des Bescheids einschließlich der mit einem Genehmigungsvermerk versehenen Bauvorlagen ist beizufügen.

(6) Mit der Bauausführung oder mit der Ausführung des jeweiligen Bauabschnitts darf erst begonnen werden, wenn

1.

    die Baugenehmigung dem Bauherrn zugegangen ist,

2.

    die Prüfungen nach § 65 Abs. 3 erfolgt sind und

3.

    die Baubeginnsanzeige der Bauaufsichtsbehörde vorliegt.

(7) Vor Baubeginn muss die Grundfläche der baulichen Anlage abgesteckt und ihre Höhenlage festgelegt sein. Die Bauaufsichtsbehörde kann verlangen, dass Absteckung und Höhenlage von ihr abgenommen oder die Einhaltung der festgelegten Grundfläche und Höhenlage nachgewiesen wird. Baugenehmigungen, Bauvorlagen und bautechnische Nachweise, soweit es sich nicht um Bauvorlagen handelt, müssen an der Baustelle von Baubeginn an vorliegen.

(8) Der Bauherr hat den Ausführungsbeginn genehmigungsbedürftiger Vorhaben und die Wiederaufnahme der Bauarbeiten nach einer Unterbrechung von mehr als drei Monaten mindestens eine Woche vorher der Bauaufsichtsbehörde schriftlich mitzuteilen (Baubeginnsanzeige).

§ 72
Geltungsdauer der Genehmigung

(1) Sind in der Baugenehmigung oder in der Teilbaugenehmigung keine anderen Fristen bestimmt, so erlöschen diese Genehmigungen, wenn innerhalb von drei Jahren nach ihrer Erteilung mit der Ausführung des Vorhabens nicht begonnen oder die Bauausführung länger als zwei Jahre unterbrochen worden ist; die Einlegung eines Rechtsbehelfs hemmt den Lauf der Frist bis zur Unanfechtbarkeit der Baugenehmigung.

(2) Die Frist nach Absatz 1 kann auf schriftlichen Antrag jeweils bis zu einem Jahr verlängert werden. Sie kann auch rückwirkend verlängert werden, wenn der Antrag vor Fristablauf bei der Bauaufsichtsbehörde eingegangen ist.

§ 73
Teilbaugenehmigung

Ist ein Bauantrag eingereicht, so kann der Beginn der Bauarbeiten für die Baugrube und für einzelne Bauteile oder Bauabschnitte auf schriftlichen Antrag schon vor Erteilung der Baugenehmigung schriftlich gestattet werden (Teilbaugenehmigung). § 71 gilt entsprechend.

§ 74
Vorbescheid

Vor Einreichung des Bauantrags ist auf Antrag des Bauherrn zu einzelnen Fragen des Bauvorhabens ein Vorbescheid zu erteilen. Der Vorbescheid gilt drei Jahre. Die Frist kann auf schriftlichen Antrag jeweils bis zu einem Jahr verlängert werden. Die §§ 67 bis 70, 71 Abs. 1 bis 5 sowie § 72 Abs. 2 Satz 2 gelten entsprechend; die Bauaufsichtsbehörde kann von der Anwendung des § 69 absehen, wenn der Bauherr dies beantragt.

§ 75
Genehmigung Fliegender Bauten

(1) Fliegende Bauten sind bauliche Anlagen, die geeignet und bestimmt sind, an verschiedenen Orten wiederholt aufgestellt und zerlegt zu werden. Baustelleneinrichtungen und Baugerüste sind keine Fliegenden Bauten.

(2) Fliegende Bauten bedürfen, bevor sie erstmals aufgestellt und in Gebrauch genommen werden, einer Ausführungsgenehmigung. Dies gilt nicht für

1.

Fliegende Bauten mit einer Höhe bis zu 5 m, die nicht dazu bestimmt sind, von Besuchern betreten zu werden,

2.

Fliegende Bauten mit einer Höhe bis zu 5 m, die für Kinder betrieben werden und eine Geschwindigkeit von höchstens 1 m/s haben,

3.

Bühnen, die Fliegende Bauten sind, einschließlich Überdachungen und sonstigen Aufbauten mit einer Höhe bis zu 5 m, einer Grundfläche bis zu 100 m^{2}und einer Fußbodenhöhe bis zu 1,50 m,

4.

erdgeschossige Zelte und betretbare Verkaufsstände, die Fliegende Bauten sind, jeweils mit einer Grundfläche bis 75 m^2 ,

5.

aufblasbare Spielgeräte mit einer Höhe des betretbaren Bereichs von bis zu 5 m oder mit überdachten Bereichen, bei denen die Entfernung zum Ausgang nicht mehr als 3 m, sofern ein Absinken der Überdachung konstruktiv verhindert wird, nicht mehr als 10 m, beträgt.

(3) Die Ausführungsgenehmigung wird von der oberen Bauaufsichtsbehörde erteilt, in deren Bereich der Antragsteller seine Hauptwohnung oder seine gewerbliche Niederlassung hat. Hat der Antragsteller keine Hauptwohnung oder keine gewerbliche Niederlassung in der Bundesrepublik Deutschland, so ist die obere Bauaufsichtsbehörde zuständig, in deren Bereich der Fliegende Bau zum ersten Mal aufgestellt oder in Gebrauch genommen werden soll.

(4) Die oberste Bauaufsichtsbehörde kann durch Rechtsverordnung bestimmen, dass Ausführungsgenehmigungen für Fliegende Bauten nur durch bestimmte Bauaufsichtsbehörden oder durch von ihr bestimmte Stellen erteilt werden dürfen und die Vergütung dieser Stellen regeln.

(5) Die Genehmigung wird für eine bestimmte Frist erteilt, die höchstens fünf Jahre betragen soll; sie kann auf schriftlichen Antrag von der für die Ausführungsgenehmigung zuständigen Behörde jeweils bis zu fünf Jahre verlängert werden, wenn das der Inhaber vor Ablauf der Frist schriftlich beantragt; § 72 Abs. 2 Satz 2 gilt entsprechend. Die Ausführungsgenehmigungen und die Verlängerungen ihrer Frist werden in ein Prüfbuch eingetragen, dem eine Ausfertigung der mit einem Genehmigungsvermerk zu versehenden Bauvorlagen beizufügen ist. Die Ausführungsgenehmigung kann vorschreiben, dass der Fliegende Bau vor jeder Inbetriebnahme oder in bestimmten zeitlichen Abständen jeweils vor einer Inbetriebnahme von einem Sachverständigen abgenommen wird. Ausführungsgenehmigungen anderer Länder gelten auch in Thüringen.

(6) Der Inhaber der Ausführungsgenehmigung hat den Wechsel seines Wohnsitzes oder seiner gewerblichen Niederlassung oder die Übertragung eines Fliegenden Baus an Dritte der Bauaufsichtsbehörde anzuzeigen, die die Ausführungsgenehmigung erteilt hat. Die Behörde hat die Änderungen in das Prüfbuch einzutragen und sie, wenn mit den Änderungen ein Wechsel der Zuständigkeit verbunden ist, der nunmehr zuständigen Behörde mitzuteilen.

(7) Fliegende Bauten, die nach Absatz 2 Satz 1 einer Ausführungsgenehmigung bedürfen, dürfen unbeschadet anderer Vorschriften nur in Gebrauch

genommen werden, wenn ihre Aufstellung der Bauaufsichtsbehörde des Aufstellungsorts unter Vorlage des Prüfbuchs angezeigt ist. Die Bauaufsichtsbehörde kann die Inbetriebnahme dieser Fliegenden Bauten von einer Gebrauchsabnahme abhängig machen. Das Ergebnis der Abnahme ist in das Prüfbuch einzutragen. In der Ausführungsgenehmigung kann bestimmt werden, dass Anzeigen nach Satz 1 nicht erforderlich sind, wenn eine Gefährdung im Sinne des § 3 Abs. 1 nicht zu erwarten ist.

(8) Die für die Erteilung der Gebrauchsabnahme zuständige Bauaufsichtsbehörde kann Auflagen machen oder die Aufstellung oder den Gebrauch Fliegender Bauten untersagen, soweit dies nach den örtlichen Verhältnissen oder zur Abwehr von Gefahren erforderlich ist, insbesondere weil die Betriebssicherheit oder Standsicherheit nicht oder nicht mehr gewährleistet ist oder weil von der Ausführungsgenehmigung abgewichen wird. Wird die Aufstellung oder der Gebrauch untersagt, ist dies in das Prüfbuch einzutragen. Die ausstellende Behörde ist zu benachrichtigen, das Prüfbuch ist einzuziehen und der ausstellenden Behörde zuzuleiten, wenn die Herstellung ordnungsgemäßer Zustände innerhalb angemessener Frist nicht zu erwarten ist.

(9) Bei Fliegenden Bauten, die von Besuchern betreten und längere Zeit an einem Aufstellungsort betrieben werden, kann die für die Gebrauchsabnahme zuständige Bauaufsichtsbehörde aus Gründen der Sicherheit Nachabnahmen durchführen. Das Ergebnis der Nachabnahme ist in das Prüfbuch einzutragen.

(10) § 67 Abs. 1, 2 und 4 und § 80 Abs. 1, 3 und 4 gelten entsprechend.

§ 76
Bauaufsichtliche Zustimmung

(1) Nicht verfahrensfreie Bauvorhaben bedürfen keiner Genehmigung, Genehmigungsfreistellung und Bauüberwachung, wenn

1.

der Bauherr die Leitung der Entwurfsarbeiten und der Bauüberwachung einer Baudienststelle des Bundes oder der Länder übertragen hat und

2.

die Baudienststelle mit Beamten des höheren technischen Verwaltungsdienstes der Fachrichtung Hochbau oder Bauingenieurwesen oder diesen gleichgestellten Bediensteten mit entsprechender Vorbildung besetzt ist, die über die erforderlichen Kenntnisse der Bautechnik, der Baugestaltung und des öffentlichen Baurechts verfügen.

Solche baulichen Anlagen bedürfen jedoch der Zustimmung der oberen Bauaufsichtsbehörde. Außer bei der Errichtung und Änderung von Sonderbauten entfällt die Zustimmung, wenn die Gemeinde nicht widerspricht und, soweit ihre öffentlich-rechtlich geschützten Belange von Abweichungen, Ausnahmen und Befreiungen berührt sein können, die Nachbarn dem Vorhaben zustimmen.

(2) Der Antrag auf Zustimmung ist bei der oberen Bauaufsichtsbehörde einzureichen.

(3) Die obere Bauaufsichtsbehörde prüft

1.

    die Übereinstimmung mit den Bestimmungen über die Zulässigkeit der baulichen Anlagen nach den §§ 29 bis 38 BauGB und

2.

    andere öffentlich-rechtliche Anforderungen, soweit wegen der Zustimmung eine Entscheidung nach anderen öffentlich-rechtlichen Vorschriften entfällt oder ersetzt wird.

Eine Prüfung bautechnischer Nachweise findet nicht statt. Über Ausnahmen, Befreiungen und Abweichungen entscheidet die obere Bauaufsichtsbehörde im Zustimmungsverfahren.

(4) Die Gemeinde ist vor Erteilung der Zustimmung zu hören. § 36 Abs. 2 Satz 2 Halbsatz 1 BauGB gilt entsprechend. Im Übrigen sind die Vorschriften über das Baugenehmigungsverfahren entsprechend anzuwenden.

(5) Anlagen, die der Landesverteidigung, dienstlichen Zwecken der Bundespolizei oder dem zivilen Bevölkerungsschutz dienen, sind abweichend von den Absätzen 1 bis 4 der oberen Bauaufsichtsbehörde vor Baubeginn in geeigneter Weise zur Kenntnis zu bringen; Absatz 1 Satz 3 gilt entsprechend. Im Übrigen wirken die Bauaufsichtsbehörden nicht mit. § 75 Abs. 2 bis 10 findet auf Fliegende Bauten, die der Landesverteidigung, dienstlichen Zwecken der Bundespolizei oder dem zivilen Bevölkerungsschutz dienen, keine Anwendung.

(6) Der öffentliche Bauherr trägt die Verantwortung, dass Entwurf, Ausführung und Zustand der baulichen Anlagen sowie anderer Anlagen und Einrichtungen im Sinne von § 1 Abs. 1 Satz 2 den öffentlich-rechtlichen Vorschriften entsprechen.

Vierter Abschnitt
Bauaufsichtliche Maßnahmen

§ 77
Verbot unrechtmäßig gekennzeichneter Bauprodukte

Sind Bauprodukte entgegen § 22 mit dem Ü-Zeichen gekennzeichnet, kann die Bauaufsichtsbehörde die Verwendung dieser Bauprodukte untersagen und deren Kennzeichnung entwerten oder beseitigen lassen.

§ 78
Baueinstellung

(1) Werden Anlagen im Widerspruch zu öffentlich-rechtlichen Vorschriften

errichtet, geändert oder beseitigt, kann die Bauaufsichtsbehörde die Einstellung der Arbeiten anordnen. Das gilt auch dann, wenn

1.

die Ausführung eines Vorhabens entgegen den Bestimmungen des § 71 Abs. 6 bis 8 begonnen wurde, oder

2.

bei der Ausführung

a)

eines genehmigungsbedürftigen Vorhabens von den genehmigten Bauvorlagen,

b)

eines genehmigungsfreigestellten Vorhabens von den eingereichten Unterlagen

abgewichen wird,

3.

Bauprodukte verwendet werden, die entgegen § 17 Abs. 1 kein CE-Zeichen oder Ü-Zeichen tragen,

4.

Bauprodukte verwendet werden, die unberechtigt mit dem CE-Zeichen (§ 17 Abs. 1 Satz 1 Nr. 2) oder dem Ü-Zeichen (§ 22 Abs. 4) gekennzeichnet sind.

(2) Werden unzulässige Bauarbeiten trotz einer schriftlich oder mündlich verfügten Einstellung fortgesetzt, kann die Bauaufsichtsbehörde die Baustelle versiegeln oder die an der Baustelle vorhandenen Bauprodukte, Geräte, Maschinen und Bauhilfsmittel in amtlichen Gewahrsam bringen.

§ 79
Beseitigung von Anlagen, Nutzungsuntersagung

(1) Werden Anlagen im Widerspruch zu öffentlich-rechtlichen Vorschriften errichtet oder geändert, kann die Bauaufsichtsbehörde die teilweise oder vollständige Beseitigung der Anlagen anordnen, wenn nicht auf andere Weise rechtmäßige Zustände hergestellt werden können. Werden Anlagen im Widerspruch zu öffentlich-rechtlichen Vorschriften genutzt, kann diese Nutzung untersagt werden.

(2) Die Bauaufsichtsbehörde kann die Beseitigung einer Anlage auch dann anordnen, wenn diese nicht genutzt wird und zu verfallen droht und ein öffentliches oder schutzwürdiges privates Interesse an ihrem Erhalt nicht besteht.

Fünfter Abschnitt
Bauüberwachung

§ 80
Bauüberwachung

(1) Die Bauaufsichtsbehörde kann die Einhaltung der öffentlich-rechtlichen Vorschriften und Anforderungen und die ordnungsgemäße Erfüllung der Pflichten der am Bau Beteiligten überprüfen.

(2) Die Bauaufsichtsbehörde oder der Prüfingenieur überwachen die Bauausführung bei baulichen Anlagen hinsichtlich des von ihnen geprüften

1.

Standsicherheitsnachweises nach § 65 Abs. 3 Satz 1 und

2.

Brandschutznachweises nach § 65 Abs. 3 Satz 2

nach näherer Maßgabe der Rechtsverordnung aufgrund des § 87 Abs. 2. Bei Gebäuden der Gebäudeklasse 4 ausgenommen Sonderbauten sowie Mittel- und Großgaragen im Sinne der Rechtsverordnung aufgrund des § 87 Abs. 1 Nr. 3 ist die mit dem Brandschutznachweis übereinstimmende Bauausführung vom Nachweisersteller oder einem anderen Nachweisberechtigten im Sinne des § 65 Abs. 2 Satz 3 zu bestätigen.

(3) Im Rahmen der Bauüberwachung können Proben von Bauprodukten, soweit erforderlich, auch aus fertigen Bauteilen zu Prüfzwecken entnommen werden.

(4) Im Rahmen der Bauüberwachung ist jederzeit Zutritt zur Baustelle und Betriebsstätte sowie Einblick in die Genehmigungen, Zulassungen, Prüfzeugnisse, Übereinstimmungszertifikate, Zeugnisse und Aufzeichnungen über die Prüfungen von Bauprodukten, in die Bautagebücher und andere vorgeschriebene Aufzeichnungen zu gewähren.

(5) Die Kosten für die Überwachung nach Absatz 1, für die Probeentnahmen und Prüfungen nach Absatz 2 sowie aufgrund von Rechtsverordnungen nach § 87 Abs. 1 Nr. 6 und Abs. 3 trägt der Bauherr.

§ 81
Bauzustandsanzeigen, Aufnahme der Nutzung

(1) Die Bauaufsichtsbehörde und der Prüfingenieur können verlangen, dass ihnen Beginn und Beendigung bestimmter Bauarbeiten angezeigt werden. Die Bauarbeiten dürfen erst fortgesetzt oder die Anlagen erst benutzt werden, wenn die Bauaufsichtsbehörde oder der Prüfingenieur zugestimmt haben.

(2) Der Bauherr hat die beabsichtigte Aufnahme der Nutzung einer nicht verfahrensfreien baulichen Anlage mindestens zwei Wochen vorher der Bauaufsichtsbehörde anzuzeigen. Mit der Anzeige nach Satz 1 sind vorzulegen:

1.

    bei Bauvorhaben nach § 65 Abs. 3 Satz 1 eine Bescheinigung des Prüfingenieurs über die ordnungsgemäße Bauausführung hinsichtlich der Standsicherheit,

2.

    bei Bauvorhaben nach § 65 Abs. 3 Satz 2 eine Bescheinigung des Prüfingenieurs über die ordnungsgemäße Bauausführung hinsichtlich des Brandschutzes, soweit die Nachweise nicht durch die Bauaufsichtsbehörde geprüft wurden,

3.

    in den Fällen des § 80 Abs. 2 Satz 2 die jeweilige Bestätigung.

Eine bauliche Anlage darf erst benutzt werden, wenn sie selbst, Zufahrtswege, Wasserversorgungs-, Abwasserentsorgungs- sowie Gemeinschaftsanlagen in dem erforderlichen Umfang sicher benutzbar sind, nicht jedoch vor dem in Satz 1 bezeichneten Zeitpunkt. Feuerstätten dürfen erst in Betrieb genommen werden, wenn der Bezirksschornsteinfegermeister oder der bevollmächtigte Bezirksschornsteinfeger die Tauglichkeit und die sichere Benutzbarkeit der Abgasanlagen bescheinigt hat, Verbrennungsmotoren und Blockheizkraftwerke erst dann, wenn er die Tauglichkeit und sichere Benutzbarkeit der Leitungen zur Abführung von Verbrennungsgasen bescheinigt hat.

Sechster Abschnitt
Baulasten

§ 82
Baulasten und Baulastenverzeichnis

(1) Durch Erklärung gegenüber der Bauaufsichtsbehörde können Grundstückseigentümer öffentlich-rechtliche Verpflichtungen zu einem ihre Grundstücke betreffenden Tun, Dulden oder Unterlassen übernehmen, die sich nicht schon aus öffentlich-rechtlichen Vorschriften ergeben (Baulasten). Baulasten werden unbeschadet der Rechte Dritter mit der Eintragung in das Baulastenverzeichnis wirksam und wirken auch gegenüber dem Rechtsnachfolger.

(2) Die Erklärung nach Absatz 1 bedarf der Schriftform; die Unterschrift muss öffentlich beglaubigt oder vor der Bauaufsichtsbehörde geleistet oder vor ihr anerkannt werden.

(3) Die Baulast geht durch schriftlichen Verzicht der Bauaufsichtsbehörde unter. Der Verzicht ist zu erklären, wenn ein öffentliches Interesse an der

Baulast nicht mehr besteht. Vor dem Verzicht sollen der Verpflichtete und die durch die Baulast Begünstigten angehört werden. Der Verzicht wird mit der Löschung der Baulast im Baulastenverzeichnis wirksam.

(4) Das Baulastenverzeichnis wird von der Bauaufsichtsbehörde geführt. In das Baulastenverzeichnis können auch eingetragen werden

1.

andere baurechtliche Verpflichtungen des Grundstückseigentümers zu einem sein Grundstück betreffenden Tun, Dulden oder Unterlassen,

2.

Auflagen, Bedingungen, Befristungen und Widerrufsvorbehalte.

(5) Wer ein berechtigtes Interesse darlegt, kann in das Baulastenverzeichnis Einsicht nehmen oder sich Abschriften erteilen lassen.

Sechster Teil
Marktüberwachung nach der Verordnung (EU) Nr. 305/2011

§ 83
Aufbau der Marktüberwachungsbehörden

Marktüberwachungsbehörden nach der Verordnung (EU) Nr. 305/2011 sind

1.

die obere Bauaufsichtsbehörde als obere Marktüberwachungsbehörde,

2.

die oberste Bauaufsichtsbehörde als oberste Marktüberwachungsbehörde,

3.

das Deutsche Institut für Bautechnik als gemeinsame Marktüberwachungsbehörde

⊟ **Fußnoten**

Nr. 3 tritt gemäß § 93 Nr. 2 an dem Tag in Kraft, an dem das Abkommen zur zweiten Änderung des Abkommens über das Deutsche Institut für Bautechnik in Kraft tritt.

§ 84
Aufgaben und Befugnisse der
Marktüberwachungsbehörden

(1) Die Marktüberwachungsbehörden nehmen die Aufgaben nach

1.

Kapitel III der Verordnung (EG) Nr. 765/2008 des Europäischen Parlaments und des Rates vom 9. Juli 2008 über die Vorschriften für die Akkreditierung und Marktüberwachung im Zusammenhang mit der Vermarktung von Produkten und zur Aufhebung der Verordnung (EWG) Nr. 339/93 des Rates (ABl. L 218 vom 13. August 2008, S. 30) bezüglich Bauprodukten im Sinne des § 17 Abs. 1 Satz 1 Nr. 2 Buchst. a,

2.

dem Produktsicherheitsgesetz (ProdSG) vom 8. November 2011 (BGBl. I S. 2179, 2012 I S. 131), soweit es auf die Marktüberwachung nach dem Bauproduktengesetz vom 5. Dezember 2012 (BGBl. I S. 2449 -2450-) in der jeweils geltenden Fassung Anwendung findet,

3.

der Verordnung (EU) Nr. 305/2011 und

4.

dem Bauproduktengesetz

jeweils in der geltenden Fassung wahr. Für die Aufsicht über die gemeinsame Marktüberwachungsbehörde gilt Artikel 5 des Abkommens über das Deutsche Institut für Bautechnik.

(2) Den Marktüberwachungsbehörden stehen die sich aus den Bestimmungen nach Absatz 1 Satz 1 ergebenden Befugnisse zu.

⊟ **Fußnoten**

Absatz 1 in Kraft mit Wirkung vom 1. Juli 2013

§ 85
Zuständigkeit der Marktüberwachungsbehörden

(1) Zuständig ist die obere Marktüberwachungsbehörde, soweit nachfolgend nichts Abweichendes bestimmt ist.

(2) Die gemeinsame Marktüberwachungsbehörde ist zuständig für die einheitliche Prüfung und Bewertung von Bauprodukten in technischer Hinsicht. Sie ist außerdem in den Fällen, in denen Bauprodukte nach den Anforderungen der Verordnung (EU) Nr. 305/2011 die in Bezug auf die Wesentlichen Merkmale erklärte Leistung nicht erbringen oder eine Gefahr im Sinne des Artikels 58 der Verordnung (EU) Nr. 305/2011 darstellen, dafür zuständig, Maßnahmen nach den Artikeln 56 und 58 der Verordnung (EU) Nr. 305/2011, § 26 ProdSG und den Artikeln 16, 19, 20, 28 und 29 der Verordnung (EG) Nr. 765/2008 zu ergreifen.

(3) Besteht für die obere Marktüberwachungsbehörde Grund zu der Annahme, dass Maßnahmen oder Anordnungen nach Absatz 2 in Betracht kommen, gibt sie die Sachbehandlung für das Produkt an die gemeinsame Marktüberwachungsbehörde ab. Die Zuständigkeit der gemeinsamen Marktüberwachungsbehörde beginnt mit dem Eingang der Abgabe. Soweit nachfolgend nichts Abweichendes bestimmt ist, umfasst sie alle Aufgaben und Befugnisse nach § 84 Abs. 1 Satz 1 und Abs. 2; sie schließt die Zuständigkeit der oberen Marktüberwachungsbehörde auch dann aus, wenn sie durch die Abgabe der Sachbehandlung für das Produkt durch eine Marktüberwachungsbehörde eines anderen Landes begründet worden ist. Die Befugnis der oberen Marktüberwachungsbehörde, bei Gefahr im Verzug vorläufige Maßnahmen und Anordnungen zu treffen, bleibt unberührt. Die Aufhebung eines Verwaltungsakts einer Marktüberwachungsbehörde, der nicht nach § 44 ThürVwVfG nichtig ist, kann nicht allein deshalb beansprucht werden, weil die Voraussetzungen des Satzes 1 nicht vorgelegen haben oder die obere Marktüberwachungsbehörde die Sachbehandlung nicht an die gemeinsame Marktüberwachungsbehörde abgegeben hat, obwohl die Voraussetzungen des Satzes 1 vorgelegen haben; im Übrigen bleiben die §§ 45 und 46 ThürVwVfG unberührt.

(4) Maßnahmen und Anordnungen der gemeinsamen Marktüberwachungsbehörde gelten auch in Thüringen.

(5) Der Vollzug der Maßnahmen und Anordnungen der gemeinsamen Marktüberwachungsbehörde einschließlich der Anordnung von Maßnahmen des Verwaltungszwangs obliegt der oberen Marktüberwachungsbehörde.

⊟ **Fußnoten**

Absatz 2 bis 5 treten gemäß § 93 Nr. 2 an dem Tag in Kraft, an dem das Abkommen zur zweiten Änderung des Abkommens über das Deutsche Institut für Bautechnik in Kraft tritt.

Siebenter Teil
Ordnungswidrigkeiten, Verordnungsermächtigungen, Übergangs- und Schlussbestimmungen

§ 86
Ordnungswidrigkeiten

(1) Ordnungswidrig handelt, wer vorsätzlich oder fahrlässig

1.

   einer nach § 87 Abs. 1 bis 4 erlassenen Rechtsverordnung oder einer nach § 88 Abs. 1 und 2 erlassenen Satzung zuwiderhandelt, sofern die Rechtsverordnung oder die Satzung für einen bestimmten Tatbestand auf diese Bußgeldbestimmung verweist,

2.

   einer vollziehbaren schriftlichen Anordnung der Bauaufsichtsbehörde zuwiderhandelt, die aufgrund dieses Gesetzes oder aufgrund einer nach diesem Gesetz erlassenen Rechtsverordnung oder Satzung ergangen ist, sofern die Anordnung auf diese Bußgeldbestimmung verweist,

3.

ohne die erforderliche Genehmigung (§§ 62 und 63), Teilbaugenehmigung (§ 73) oder Zulassung der Abweichung (§ 66) oder abweichend davon oder abweichend von den nach § 61 eingereichten Vorlagen bauliche Anlagen errichtet, ändert, benutzt oder entgegen § 60 Abs. 3 Satz 2, 3 und 5 beseitigt,

4.

Fliegende Bauten ohne Ausführungsgenehmigung (§ 75 Abs. 2 Satz 1) in Gebrauch nimmt oder ohne Anzeige und Abnahme (§ 75 Abs. 7) in Gebrauch nimmt,

5.

entgegen den Bestimmungen des § 61 Abs. 3 oder des § 71 Abs. 6 Bauarbeiten beginnt, entgegen den Bestimmungen des § 81 Abs. 1 und 2 Satz 1 und 2 Beginn und Beendigung bestimmter Arbeiten nicht anzeigt oder Arbeiten fortsetzt oder entgegen den Bestimmungen des § 81 Abs. 2 Satz 3 und 4 bauliche Anlagen benutzt,

6.

die nach § 71 Abs. 8 vorgeschriebene Anzeige nicht oder nicht fristgerecht erstattet,

7.

als Bauherr oder Unternehmer entgegen § 11 Abs. 4 Vorkehrungen zum Schutz von Bäumen, Sträuchern und sonstigen Landschaftsbestandteilen nicht trifft,

8.

Bauprodukte mit dem Ü-Zeichen kennzeichnet, ohne dass dafür die Voraussetzungen nach § 22 Abs. 4 vorliegen,

9.

Bauprodukte entgegen § 17 Abs. 1 Nr. 1 ohne das Ü-Zeichen verwendet,

10.

Bauarten entgegen § 21 Abs. 1 oder einer aufgrund des § 21 Abs. 2 erlassenen Rechtsverordnung ohne allgemeine bauaufsichtliche Zulassung, allgemeines bauaufsichtliches Prüfzeugnis oder Zustimmung im Einzelfall anwendet,

11.

als Bauherr, Entwurfsverfasser, Unternehmer, Bauleiter oder als deren Vertreter den Bestimmungen des § 53 Abs. 1, des § 54 Abs. 1 Satz 3, des § 55 Abs. 1 oder des § 56 Abs. 1 Satz 1 und 2 zuwiderhandelt,

12.

entgegen § 5 Abs. 2 Zu- oder Durchfahrten sowie Aufstell- und Bewegungsflächen nicht ständig frei hält oder Fahrzeuge dort abstellt,

13.

Anlagen, die keiner Genehmigung nach § 63 bedürfen, entgegen § 50 nicht barrierefrei ausführt.

(2) Ordnungswidrig handelt auch, wer wider besseres Wissen

1.

unrichtige Angaben macht oder unrichtige Pläne oder Unterlagen vorlegt, um einen nach diesem Gesetz vorgesehenen Verwaltungsakt zu erwirken oder zu verhindern,

2.

als Prüfingenieur unrichtige Prüfberichte erstellt,

3.

unrichtige Angaben in dem Kriterienkatalog nach § 65 Abs. 3 Satz 1 Nr. 3 macht.

(3) Die Ordnungswidrigkeit kann mit einer Geldbuße bis zu 500.000 Euro geahndet werden.

(4) Ist eine Ordnungswidrigkeit nach Absatz 1 Nr. 8 bis 10 begangen worden, können Gegenstände, auf die sich die Ordnungswidrigkeit bezieht, eingezogen werden.

(5) Zuständige Verwaltungsbehörde im Sinne des § 36 Abs. 1 Nr. 1 des Gesetzes über Ordnungswidrigkeiten ist in den Fällen des Absatzes 1 Nr. 8 bis 10 die oberste Bauaufsichtsbehörde, in den übrigen Fällen die untere Bauaufsichtsbehörde.

(1) Zur Verwirklichung der in § 3 Abs. 1 und 2 bezeichneten Anforderungen wird die oberste Bauaufsichtsbehörde ermächtigt, durch Rechtsverordnung

1.

die nähere Bestimmung allgemeiner Anforderungen nach den §§ 4 bis 48,

2.

Anforderungen an Feuerungsanlagen (§ 42),

3.

Anforderungen an Garagen (§ 49),

4.

besondere Anforderungen oder Erleichterungen, die sich aus der besonderen Art oder Nutzung der baulichen Anlagen für die Errichtung, Änderung, Unterhaltung, den Betrieb und die Nutzung ergeben (§ 51), sowie über die Anwendung solcher Anforderungen auf bestehende bauliche Anlagen dieser Art,

5.

Erst-, Wiederholungs- und Nachprüfungen von Anlagen, die zur Verhütung erheblicher Gefahren oder Nachteile ständig ordnungsgemäß unterhalten werden müssen, und die Erstreckung dieser Nachprüfungspflicht auf bestehende Anlagen,

6.

die Anwesenheit fachkundiger Personen beim Betrieb technisch schwieriger baulicher Anlagen und Einrichtungen, wie Bühnenbetriebe und technisch schwierige Fliegende Bauten, einschließlich des Nachweises der Befähigung dieser Personen

zu regeln.

(2) Die oberste Bauaufsichtsbehörde wird ermächtigt, durch Rechtsverordnung Näheres über

1.

Prüfingenieure und Prüfämter, denen bauaufsichtliche Prüfaufgaben einschließlich der Bauüberwachung und der Bauzustandsbesichtigung übertragen werden, sowie

2.

Prüfsachverständige, die im Auftrag des Bauherrn oder des sonstigen nach Bauordnungsrecht Verantwortlichen die Einhaltung bauordnungsrechtlicher Anforderungen prüfen und bescheinigen,

zu bestimmen. Die Rechtsverordnungen nach Satz 1 regeln, soweit erforderlich,

1.

die Fachbereiche und die Fachrichtungen, in denen Prüfingenieure, Prüfämter und Prüfsachverständige tätig werden,

2.

die Anerkennungsvoraussetzungen und das Anerkennungsverfahren,

3.

das Erlöschen, die Rücknahme und den Widerruf der Anerkennung einschließlich der Festlegung einer Altersgrenze,

4.

die Aufgabenerledigung,

5.

die Vergütung.

Die oberste Bauaufsichtsbehörde kann durch Rechtsverordnung auch bestimmen, dass die Anerkennung oder Teile des Anerkennungsverfahrens auf eine Behörde eines anderen Landes übertragen werden, die der Aufsicht einer obersten Bauaufsichtsbehörde untersteht oder an deren Willensbildung eine oberste Bauaufsichtsbehörde mitwirkt.

(3) Die oberste Bauaufsichtsbehörde wird ermächtigt, zum bauaufsichtlichen Verfahren durch Rechtsverordnung

1.

den Umfang, Inhalt und die Zahl der erforderlichen Unterlagen einschließlich der Vorlagen bei der Anzeige der beabsichtigten Beseitigung von Anlagen nach § 60 Abs. 3 Satz 2 und bei der Genehmigungsfreistellung nach § 61,

2.

die erforderlichen Anträge und Anzeigen sowie Nachweise,

Bescheinigungen und Bestätigungen auch bei verfahrensfreien Bauvorhaben,

3.

das Verfahren im Einzelnen, insbesondere den in § 65 Abs. 3 Satz 1 genannten Kriterienkatalog,

zu regeln. Sie kann dabei die elektronische Form ganz oder teilweise ausschließen sowie für verschiedene Arten von Bauvorhaben unterschiedliche Anforderungen und Verfahren festlegen.

(4) Die oberste Bauaufsichtsbehörde wird ermächtigt, durch Rechtsverordnung

1.

die Zuständigkeit für die Zustimmung und den Verzicht auf Zustimmung im Einzelfall (§ 20)

a)

auf andere Behörden,

b)

für Bauprodukte, die in Baudenkmälern nach dem Thüringer Denkmalschutzgesetz verwendet werden sollen, allgemein oder für bestimmte Bauprodukte auf die untere Bauaufsichtsbehörde

zu übertragen,

2.

die Zuständigkeit für die Anerkennung von Prüf-, Zertifizierungs- und Überwachungsstellen (§ 25) auf andere Behörden zu übertragen, die Zuständigkeit kann auch auf eine Behörde eines anderen Landes übertragen werden, die der Aufsicht einer obersten Bauaufsichtsbehörde untersteht oder an deren Willensbildung die oberste Bauaufsichtsbehörde mitwirkt,

3.

das Ü-Zeichen festzulegen und zu diesem Zeichen zusätzliche Angaben zu verlangen,

4.

das Anerkennungsverfahren nach § 25, die Voraussetzungen für die Anerkennung, ihre Rücknahme, ihren Widerruf und ihr Erlöschen zu regeln, insbesondere auch Altersgrenzen festzulegen, sowie eine ausreichende Haftpflichtversicherung zu fordern.

Die Übertragung der Zuständigkeit nach Satz 1 Nr. 1 Buchst. a und Nummer 2 ist auch auf eine Behörde eines anderen Landes möglich, die der Aufsicht einer obersten Bauaufsichtsbehörde untersteht oder an deren Willensbildung die oberste Bauaufsichtsbehörde mitwirkt.

(5) Die oberste Bauaufsichtsbehörde wird ermächtigt, durch Rechtsverordnung zu bestimmen, dass die Anforderungen der aufgrund des § 34 ProdSG und des § 49 Abs. 4 des Energiewirtschaftsgesetzes erlassenen Rechtsverordnungen entsprechend für Anlagen gelten, die weder gewerblichen noch wirtschaftlichen Zwecken dienen und in deren Gefahrenbereich auch keine Arbeitnehmer beschäftigt werden. Sie kann auch die Verfahrensregelungen dieser Verordnungen für anwendbar erklären oder selbst das Verfahren bestimmen sowie Zuständigkeiten und Gebühren regeln. Dabei kann sie auch vorschreiben, dass danach zu erteilende Erlaubnisse die Baugenehmigung oder die Zustimmung nach § 76 einschließlich der zugehörigen Abweichungen einschließen, sowie dass § 35 Abs. 2 ProdSG insoweit Anwendung findet.

§ 88
Örtliche Bauvorschriften
(1) Die Gemeinden können durch Satzung im eigenen Wirkungskreis örtliche Bauvorschriften erlassen über

1.

besondere Anforderungen an die äußere Gestaltung baulicher Anlagen, Werbeanlagen und Warenautomaten zur Erhaltung und Gestaltung von Ortsbildern,

2.

das Verbot von Werbeanlagen und Warenautomaten aus ortsgestalterischen Gründen,

3.

die Lage, Größe, Beschaffenheit, Ausstattung und Unterhaltung von Kinderspielplätzen (§ 8 Abs. 2),

4.

die Gestaltung der Stellplätze für Kraftfahrzeuge, der Abstellmöglichkeiten für Fahrräder, der Stellplätze für bewegliche Abfallbehälter und der unbebauten Flächen der bebauten Grundstücke sowie über die Notwendigkeit, Art, Gestaltung und Höhe von Einfriedungen,

5.

von § 6 abweichende Maße der Abstandsflächentiefe, soweit dies zur Gestaltung des Ortsbildes oder zur Verwirklichung der Festsetzungen einer städtebaulichen Satzung erforderlich ist,

6.

die Begrünung baulicher Anlagen,

7.

die Untersagung oder Einschränkung der Herstellung von Stellplätzen und Garagen in bestimmten Teilen des Gemeindegebiets oder für bestimmte Nutzungen in bestimmten Teilen des Gemeindegebiets, wenn Gründe des Verkehrs oder städtebauliche Gründe dies rechtfertigen.

(2) Örtliche Bauvorschriften können auch durch Bebauungsplan oder, soweit das Baugesetzbuch dies vorsieht, durch andere Satzungen nach den Bestimmungen des Baugesetzbuchs erlassen werden. Werden die örtlichen Bauvorschriften durch Bebauungsplan oder durch eine sonstige städtebauliche Satzung nach dem Baugesetzbuch erlassen, so sind die Bestimmungen des Ersten und des Dritten Abschnitts des Ersten Teils, des Ersten Abschnitts des Zweiten Teils sowie die §§ 13, 13a, 30, 31, 33, 36 und 214 bis 215a BauGB entsprechend anzuwenden.

(3) Anforderungen nach den Absätzen 1 und 2 können innerhalb der örtlichen Bauvorschrift auch in Form zeichnerischer Darstellungen gestellt werden. Ihre Bekanntgabe kann dadurch ersetzt werden, dass dieser Teil der örtlichen Bauvorschrift bei der Gemeinde zur Einsicht ausgelegt wird; hierauf ist in den örtlichen Bauvorschriften hinzuweisen.

§ 89
Bestehende bauliche Anlagen

(1) Werden in diesem Gesetz oder in Vorschriften aufgrund dieses Gesetzes andere Anforderungen als nach dem bisherigen Recht gestellt, kann verlangt werden, dass bestehende oder nach genehmigten Bauvorlagen bereits begonnene bauliche Anlagen angepasst werden, wenn dies zur Abwehr von erheblichen Gefahren für Leben und Gesundheit notwendig ist.

(2) Sollen bauliche Anlagen wesentlich geändert werden, kann gefordert werden, dass auch die nicht unmittelbar berührten Teile der baulichen Anlage mit diesem Gesetz oder den aufgrund dieses Gesetzes erlassenen Vorschriften in Einklang gebracht werden, wenn

1.

die Bauteile, die diesen Vorschriften nicht mehr entsprechen, mit den beabsichtigten Arbeiten in einem konstruktiven Zusammenhang stehen und

2.

die Durchführung dieser Vorschriften bei den von den Arbeiten nicht berührten Teilen der baulichen Anlage keine unzumutbaren Mehrkosten verursacht.

§ 90
Gleichstellungsbestimmung
Status- und Funktionsbezeichnungen in diesem Gesetz gelten jeweils in männlicher und weiblicher Form.

§ 91
Erfahrungsbericht
Die Landesregierung berichtet dem Landtag bis zum 31. Dezember 2019 über die Erfahrungen mit diesem Gesetz.

§ 92
Übergangsbestimmungen
(1) Verfahren nach diesem Gesetz, die vor Inkrafttreten einer Gesetzesänderung förmlich eingeleitet worden sind, werden nach den bisher geltenden Rechtsvorschriften abgeschlossen. Auf diese Verfahren sind die ab dem Inkrafttreten der jeweiligen Änderungen geltenden Bestimmungen des Ersten bis Dritten Teils dieses Gesetzes insoweit anzuwenden, als sie für den Antragsteller eine günstigere Regelung enthalten als die vorherigen Bestimmungen.

(2) Solange § 20 Abs. 1 BauNVO zur Begriffsbestimmung des Vollgeschosses auf Landesrecht verweist, gelten Geschosse als Vollgeschosse, wenn deren Deckenoberkante im Mittel mehr als 1,40 m über die Geländeoberfläche hinausragt und sie über mindestens zwei Drittel ihrer Grundfläche eine lichte Höhe von mindestens 2,30 m haben.

(3) Die oberste Bauaufsichtsbehörde kann durch Bekanntmachung im Thüringer Staatsanzeiger anordnen, dass die Prüfung der Nachweise nach § 65 Abs. 3 Satz 2 auf Prüfingenieure oder Prüfämter zu übertragen ist.

(4) Bis zum Inkrafttreten einer durch den Bund oder Land zu erlassenden Regelung über die Berechtigung zur Ausstellung von Energieausweisen für zu errichtende Gebäude, längstens jedoch bis zum 31. Dezember 2014, wird § 63d Abs. 4 der Thüringer Bauordnung in der Fassung vom 16. März 2004 (GVBl. S. 349), zuletzt geändert durch Gesetz vom 23. Mai 2011 (GVBl. S. 85), für weiterhin anwendbar erklärt.

§ 93
Inkrafttreten, Außerkrafttreten
Dieses Gesetz tritt am Tage nach der Verkündung in Kraft. Abweichend von Satz 1 treten

1.

   § 17 Abs. 1 und 7, § 20 Satz 1 Nr. 1, § 25 Satz 2 und 3 sowie § 84 Abs. 1

mit Wirkung vom 1. Juli 2013 in Kraft und

2.

§ 83 Nr. 3 und § 85 Abs. 2 bis 5 an dem Tag in Kraft, an dem das Abkommen zur zweiten Änderung des Abkommens über das Deutsche Institut für Bautechnik in Kraft tritt.

Gleichzeitig mit dem Inkrafttreten nach Satz 1 tritt die Thüringer Bauordnung in der Fassung vom 16. März 2004 (GVBl. S. 349), zuletzt geändert durch Gesetz vom 23. Mai 2011 (GVBl. S. 85), außer Kraft.

Erfurt, den 13. März 2014
Die Präsidentin des Landtags
Birgit Diezel

www.ingramcontent.com/pod-product-compliance
Lightning Source LLC
Chambersburg PA
CBHW070829180526
45168CB00002B/784